Rosa S.
Ich musste die Rute küssen

Rosa S.

Ich musste die Rute küssen

Als uneheliches Kind misshandelt
Mein Blick zurück ohne Verbitterung

Die Drucklegung erfolgte mit freundlicher Unterstützung durch
die Abteilung deutsche Kultur der Südtiroler Landesregierung

AUTONOME PROVINCIA
PROVINZ AUTONOMA
BOZEN DI BOLZANO
SÜDTIROL ALTO ADIGE

Deutsche Kultur

© Edition Raetia, Bozen 2017

Umschlag und Druckvorstufe: Typoplus, Frangart
Umschlagbild: Fotoarchiv Hugo Atzwanger, Südtiroler Landesmuseum
für Volkskunde, Nr. 02327
Lektorat: Gudrun Brugger
Korrektur: Ex Libris Genossenschaft, Bozen
Druck: Tezzele by Esperia, Bozen

ISBN 978-88-7283-610-1
ISBN E-Book: 978-88-7283-621-7

Unser Gesamtprogramm finden Sie unter www.raetia.com.
Bei Fragen und Anregungen wenden Sie sich bitte an info@raetia.com.

Inhaltsverzeichnis

Vorausgeschickt

Über Gewalt zu sprechen, die einem in Kindesjahren angetan wurde, fällt nicht leicht. Umso erstaunlicher ist es, dass sich die Verfasserin dieser Lebenserinnerungen bereit erklärt hat, in der Sendung „Radiowohnzimmer" offen über ihr Schicksal zu sprechen. Bereits für die Sendung wählte sie den Namen Rosa als Pseudonym, um ihre Identität und jene ihrer Kinder zu schützen.

Zahlreiche Anrufe gingen nach der Sendung bei der Redaktion von Rai Südtirol ein. Viele erkundigten sich, ob denn die Lebenserinnerungen, die Rosa im Interview angesprochen hatte, erhältlich wären. Doch die Aufzeichnungen waren eigentlich nicht für eine Veröffentlichung bestimmt. Rosa hat sie für ihre Kinder und Enkel angefertigt, auf dass ihr Schicksal nicht vergessen werde und um bisher Verschwiegenes in dieser Form mitzuteilen. Es ist wohl leichter, über Gewalterfahrungen und Schicksalsschläge zu schreiben, als am Küchentisch darüber zu reden. Wann wäre der richtige Zeitpunkt? Wie soll man anfangen?

Aufgrund der großen Nachfrage entschieden sich die Kinder, uns als Verlag den Text zur Veröffentlichung anzubieten. Aus der Überzeugung heraus, dass diese Aufzeichnungen für viele andere Betroffene, die immer noch schweigen, hilfreich sein können, haben wir zugesagt. Überzeugt hat uns auch die Grundhaltung der Autorin: ihre Demut dem eigenen Schicksal gegenüber und ihre positive Einstellung zum Leben – trotz allem.

Die Aufzeichnungen wurden vom Verlag behutsam korrigiert, um möglichst nahe am Original zu bleiben. Die direkte Ansprache der Kinder und Enkel wurde beibehalten. Zum Schutz ihrer Anonymität wurden alle Namen und alle Ortsbezeichnungen – außer Bozen – geändert.

Miriam Pobitzer, Psychologin und Sexualtherapeutin, hat ein Nachwort verfasst – mit dem Ziel, das Tabu der Gewalt zu durchbrechen.

Der Verlag

Ja, ich bin zufrieden,
Geht es wie es will!
Unter meinem Dache
Leb ich froh und still.
Mancher Tor hat alles,
Was sein Herz begehrt;
Doch ich bin zufrieden,
Das ist Goldes wert.

(Heinrich Wilhelm Witschel)

An meine Kinder, Enkel und Urenkel

Mein Leben

Ich brauche keinen Luxus, um zufrieden zu sein. Musik, Bücher und Gedichte, all das hat mich schon immer fasziniert, schon als ich noch ein Kind war.

Trotz meiner manchmal auch schauderhaften Kindheit und aller Tiefen, die ich durchleben musste, habe ich das Lachen nie verlernt. Ein Sinnspruch aus Russland, der mir sehr gefällt, lautet:

Das Lächeln ist das Fenster,
durch das man sieht,
ob das Herz zu Hause ist.

Ich habe mir schon als Kind und auch in meiner Jugendzeit immer gedacht, dass ich – wenn ich älter bin – meine Erlebnisse niederschreiben werde. Leider habe ich damit ein bisschen lange gewartet. Und so ist jetzt ein langes Leben daraus geworden.

Ich bin keine studierte Frau, sondern eine einfache Hausfrau. In den Vierzigerjahren habe ich nur die Volksschule in unserem Tal besucht, aber ich werde mich bemühen, dies hier auf meine Weise gut hinzukriegen.

Ich wurde im August 1936 als uneheliches Kind geboren. Das Schlimme an der Sache war, dass mein Vater ein verheirateter Mann war und schon ein paar Kinder hatte. So kann sich wohl jeder denken, dass ich alles andere als erwünscht war. Unser damaliger Pfarrer hat Mama gleich zu verstehen gegeben, dass er keine Kinder der Sünde tauft. Deshalb war sie gezwungen, in die Wohnung der Hebamme in die Stadt zu gehen, wo sie mich dann auf die Welt gebracht hat. Dort wurde ich auch getauft.

Meine Mama Maria Schneider, geboren 1912, war zu diesem Zeitpunkt 24 Jahre alt und hat wirklich nicht gewusst, dass sie, wenn sie mit einem Mann Sex hat, davon auch ein Kind kriegen könnte.

Erst als ich anfing, mich zu bewegen, wurde es ihr unheimlich und so ging sie zur Huber-Mutter, einer Nachbarin und herzensguten Frau, und hat sie gefragt, was das wohl sein könnte. „Ja", meinte diese, „du wirst wohl ein Kind bekommen. Wer ist denn der Vater?"

„Ja", sagte Mama, „das kann nur der Steiner Michl sein."

Da antwortete die Nachbarin: „Ein Kind von einem Mann, der schon verheiratet ist, das kann nicht gut gehen."

Sie gab meiner Mama den Rat: „Tu beten, Marie, dass dieses Kind bei der Geburt stirbt, es ist besser für dich und auch für das Kind."

Und Mama hat gebetet, dass ich sterbe. Das hat sie mir später selber so gesagt.

Gestorben bin ich nicht. Trotzdem durfte Mama mit diesem „Kind der Sünde" auf den elterlichen Hof zurückkehren. Großvater hat sie damals als Arbeitskraft dringend gebraucht. Er hatte unter anderem ungefähr 20 Stück Rindvieh im Stall, dazu noch Schafe, Ziegen und Schweine.

Sicher hat es meine Mama auch nicht leicht gehabt. Bei jeder Gelegenheit hat ihr ihre Mutter dieses „Kind der Sünde" vorgeworfen: Sie solle sich schämen deswegen und sie werde schon sehen, was sie davon habe. Der Ausdruck „Kind der Sünde" verfolgt mich bis heute.

Mama hat mir später einmal erzählt, dass ich als Kind viel in der Kammer oben alleine gewesen bin. Oft hat sie mich nur beim Essen gesehen. Sie musste ja den ganzen Tag arbeiten, wie es halt so bei den Bauern ist.

Und außerdem hätte niemand Verständnis dafür gehabt, wenn sie sich allzu viel um mich gekümmert hätte.

Meine erste Erinnerung ist eine Ohrfeige. Ich war ungefähr dreieinhalb Jahre alt. Es muss im Winter 1940 gewesen sein. Die drei Brüder von Mama waren schon im Krieg. Aber immer, wenn es im Winter oder im Sommer viel Arbeit auf dem Hof gab, durften sie für einen kurzen Arbeitsurlaub nach Hause fahren. So war es auch diesmal.

Mit großen Schlitten mussten vom Berg Holz und Heu heruntergebracht werden. Es war eine ziemlich schwere Arbeit. Die Männer mussten zweimal los: einmal am Vormittag, einmal am Nachmittag.

Um halb zwölf wurde bei uns immer Mittag gegessen. Ich sehe sie alle heute noch in der Stube sitzen. Ihre Schuhe waren nass und auf dem Boden hatten sich deshalb kleine Pfützen gebildet.

Ich stand vor ihnen und sie lachten und scherzten mit mir: „Schau, was du da gemacht hast, Rosa, du hast in die Hose gemacht!" Dabei zeigten sie auf die Pfützen am Boden. „Nein, hab ich nicht!", rief ich. Da ging die Tür auf und meine Mama kam herein. Ohne näher nachzufragen oder sich zu vergewissern, ob denn stimmte, was sie hörte, kam sie auf mich zu und gab mir eine Ohrfeige, sodass ich auf dem Boden landete.

Die Brüder schimpften mit ihr und nannten sie einen „alten Påtsch". „Siehst du denn nicht, dass es unsere Schuhe sind, die den Boden nass gemacht haben?"

Bei uns daheim waren Arbeiten und Beten das Wichtigste. Wir haben fünfmal gegessen und dabei zehnmal gebetet. Vor und nach jedem Essen. Abends wurde dann noch immer der Rosenkranz gebetet, mit den Litaneien „Der Engel des Herrn" oder „Unter deinem Schutz und Schirm". Da durfte niemand fehlen. Ich musste dabei meistens auf dem Boden knien, und wehe, ich war nicht brav.

Sobald ich ein bisschen älter war, so fünf oder sechs Jahre alt, musste ich manchmal stundenlang neben meiner Großmutter sitzen und Rosenkranz beten. Wie habe ich dieses Beten manchmal gehasst!

Mama hat oft erzählt, dass ich mit zwei Jahren schon außergewöhnlich gut sprechen und mit drei Jahren fast alle unsere Gebete auswendig konnte. Ich glaube nicht, dass sie dabei übertrieben hat, weil Stolz hat sie auf mich bestimmt keinen gehabt. Aber wie blöd hätte ich denn wohl sein müssen, um mir in der vielen Zeit, die ich mit Beten verbringen musste, all jene Gebetsverse nicht zu merken?

Der Pfarrer, der mich als „Kind der Sünde" nach meiner Geburt nicht taufen wollte, war bis zum Jahr

1939 im Tal. Dann kam ein anderer Priester in unseren Ort, Pfarrer Jakob Panzl. Dem war es egal, dass ich ein „Kind der Sünde" war. Der hat mich gerngehabt. Und auch ich erinnere mich sehr gern an ihn.

Es muss im Winter 1941/42 gewesen sein, denn im Herbst 1942 wurde ich eingeschult. Damals musste der Pfarrer regelmäßig an unserem Hof vorbei und immer, wenn er zum Religionsunterricht unterwegs war, hat er mich dorthin mitgenommen. Ich erwähne das deshalb, weil ich 1942 im Mai schon zur Erstkommunion gegangen bin, obwohl ich im darauffolgenden August erst sechs Jahre alt wurde und erst im Oktober dann in die Schule kam.

Bei meiner Erstkommunion – wie gesagt, ich war ja erst fünf Jahre alt – habe ich mich in der Kirche nicht so verhalten, wie es sich Mama gewünscht hat. Ich hatte mich ein paar Mal umgedreht und nach hinten geschaut – das war schon zu viel für sie. Nie vergesse ich ihren Gesichtsausdruck, als sie mich vor der Kirchentür erwartete. Sie riss mich am Arm mit sich fort und sagte: „Sei nur froh, dass heute dein Erstkommunionstag ist, sonst würdest du was erleben. Aber mach dich nur für den nächsten Sonntag bereit." Ja, so kam es dann auch. Da habe ich ihren Zorn doppelt zu spüren bekommen.

Es geschah an einem anderen Sonntag. Da hatte es schon gereicht, in der Kirche den Kopf ein paar Mal hin- und herzudrehen. Das war für Mama Grund genug, mich danach zuhause zu schlagen. Später, als sie mich aus dem Keller holte, wo sie mich zur Strafe hingebracht hatte, sollte ich ihr einen Kuss geben. Ich habe nur stumm mit dem Kopf geschüttelt. Da hat sie mich ein zweites Mal gefragt. Wieder habe ich „Nein" geschüttelt. Daraufhin drohte sie: „Dann gehen wir wieder in den Keller." So habe ich doch lieber getan, was sie von mir verlangte. Es war übrigens der einzige Kuss, den meine Mama je von mir bekommen hat.

Wen wundert es angesichts dieser Erziehungsmethoden noch, dass ich damals kein bisschen Selbstwertgefühl entwickelt habe?

Ein Lichtblick während meiner Kindheit war hingegen der Schulalltag, denn in die Schule bin ich sehr gerne gegangen. Dort hat es mir gefallen. Das Lernen und das Singen haben mir immer viel Freude gemacht. Wenn ich heute zurückblicke, würde ich sagen, dass die Zeit, die ich in der Schule verbracht habe, wohl die schönste meiner Kindheit war.

Dennoch war der Abschnitt vom fünften bis zum elften Lebensjahr sicherlich die schlimmste Zeit in meinem

Leben. Manchmal denke ich mit Grauen daran zurück. Damals war die Birkenrute mein ständiger Begleiter.

Ab dem fünften Lebensjahr musste ich jeden Sonntag zur Kirche gehen. Mama ist in der Kirche immer ganz nach vorne gegangen, um mich genau beobachten zu können.

Jeder auch noch so kleinste Anlass war für sie Grund genug, mich grausam zu bestrafen. Oft wusste ich gar nicht, wie ich mich richtig verhalten sollte. Bevor und auch nachdem sie mich damit geschlagen hat, musste ich die Rute küssen. Da half kein Weinen oder Flehen. Anschließend musste ich jedes Mal noch eine Stunde im Keller bleiben. Diesen stinkenden Kartoffelkeller werde ich nie vergessen! Und wenn ich dann endlich wieder dort herausdurfte und mir im Haus jemand begegnet ist, habe ich immer versucht zu lachen, auch wenn mir kein bisschen danach zu Mute war. Ich habe mich so geschämt. Es war ein einziger Horror. Oft konnte ich tagelang nicht richtig sitzen, mein Hintern brannte wie Feuer.

Zum Glück ist mir das Lernen in der Schule immer leichtgefallen. Ich glaube, der liebe Gott hat mir diese Gabe geschenkt. Er wird schon gewusst haben, dass ich sonst nichts zum Lachen hatte. Als ich dann richtig gut lesen konnte, hätte ich am liebsten den ganzen

Tag nur mit Büchern verbracht. Aber das ging leider nicht.

Ich erinnere mich trotz allem auch an schöne Momente. Bei uns zu Hause sind damals häufig Bettler vorbeigekommen. Einer von ihnen hatte immer eine Gitarre bei sich. Er ist meistens dann aufgetaucht, wenn wir nachmittags gerade die Marende vorbereiteten, hat sich im Gang auf einen Stuhl gesetzt, seine Gitarre genommen und das Lied „Muss i denn zum Städtele hinaus" gesungen.

Für mich gab es nichts Schöneres, als zu ihm hinauszulaufen und ihm zuzuhören. Mir war dann, als ob ein Sonnenstrahl meine Seele erwärmen würde, und ich hatte nur den einen Wunsch, dass dieser Moment nie zu Ende gehen möge. Dieses Lied ist mir bis heute in Erinnerung geblieben.

Eine andere Begebenheit fällt mir ein. Es muss im Winter 1942 gewesen sein. Mit mir auf dem Hof war damals noch mein Cousin, er war fünf Jahre jünger als ich. Am 4. Jänner 1941 war er zur Welt gekommen. Er hat seine Milch immer frisch von der Kuh bekommen. Mutter, so nannten wir die Großmutter, hatte mich angewiesen: „Hol mir die Milch für Stefan." Ich nahm das kleine Fläschchen und lief in den Stall. Die Kühe kamen gerade von der Tränke. Ich lief zu einer Kuh, die gerade beim Barren angekommen war, und fasste nach ihrem Euter. Doch die Kuh erschrak und gab mir einen Stoß, sodass ich durch die offene Stalltür auf das Steinpflaster hinausflog und dort hart mit dem Hinterkopf aufschlug.

Langsam setzte ich mich auf und versuchte, vom Boden aufzustehen. Ich war ganz benommen. Am Hals spürte ich etwas Warmes – Blut. Mama, die alles beobachtet hatte, schimpfte mit mir: „Du saublöde Gitsch, kannst du nicht aufpassen?" In diesem Moment kam gerade Tante Frieda mit einer Kuh vom Tränken zurück. Sie fuhr meine Mama an: „Du alter Påtsch, warum schreist du so mit der Gitsche, siehst du denn nicht, wie ihr das Blut hinten über den Hals rinnt?"

Da packte sie mich grob, riss mich herum wie einen Strohsack, schaute sich meine Verletzung an und befahl mir dann: „Geh ins Haus hinüber und warte dort, bis ich komme!"

Also ging ich ins Haus. Mir war ganz schwindlig. Geweint habe ich nicht. Ich ging in die Stube und setzte mich dort auf die Ofenbank. Der Ofen war warm. Es war Winter und es wurde geheizt.

So saß ich da wie ein Häufchen Elend. Wie gerne hätte ich von irgendjemandem ein gutes Wort gehört. Aber niemand hat mich gesehen. Also wartete ich, bis Mama kam. Durch die Wärme waren meine Haare bald ganz verkrustet. Mama hat mir schließlich die Haare mit warmem Wasser gewaschen und irgendeine Salbe auf die Wunde getan. Dennoch hat sich mit der Zeit meine ganze Kopfhaut entzündet. Ich musste noch bis zum nächsten Sonntag warten. Dann erst konnte Mama mit mir zum Arzt gehen. Der Arzt hat sich meinen Kopf angeschaut und meinte: „Ich kann so gar nichts machen, die Haare müssen zuerst abgeschnitten werden."

Mama ist mit mir zum Friseur gegangen, und der hat mich kahl geschoren. Da hätte ich am liebsten geweint. Und dann sind wir wieder zum Arzt zurück. Der hat meine Verletzung genau untersucht und dabei den Kopf geschüttelt: „Das sieht nicht gut aus. Wieso haben Sie so lange gewartet?" Er hat die Wunde ausgeputzt und gereinigt. Meinen Kopf hat er dann mit irgendetwas eingerieben und anschließend mit ernster Miene erklärt: „Da hat sie noch Glück gehabt. Das ist ja ein tiefes Loch, das fast bis zum Knochen hineingeht!" Er hat mir zum Schluss den Kopf verbunden und Mama eine Salbe für zu Hause mitgegeben.

Wir mussten noch einige Male zum Arzt, um die Wunde kontrollieren zu lassen. Und natürlich hat die ganze Sache auch geschmerzt. Aber ich hätte mich nie getraut zu weinen. Dafür habe ich auch ein paar Zuckerlen bekommen.

Da es auf dem Hof immer viel zu tun gab, musste natürlich auch ich bei der Arbeit mithelfen, wenn ich nicht gerade in der Schule war. Holz tragen, kehren, den Boden wischen oder jäten gehörten dabei zu meinen Aufgaben.

Jeden Tag am späten Nachmittag musste ich auch die Kühe hüten. Es war an einem heißen Sommertag, ich war bestimmt nicht älter als acht Jahre. Die Erwachsenen waren auf dem Feld bei der Heuarbeit. Es war so üblich, dass ich um drei Uhr nachmittags frisches Quellwasser in einem Holzgefäß aufs Feld bringen musste, damit alle ihren Durst stillen konnten. Ich weiß nicht, wie es mir passieren konnte, aber ich habe an diesem Tag zu spät auf die Uhr geschaut. So war es schon halb vier und vor lauter Angst, wieder geschlagen zu werden, bin ich einfach nicht mehr aufs Feld gegangen.

Stattdessen habe ich mich am Hof hinter einem großen Holzstapel versteckt und gewartet, bis alle zur Marende wieder heimkommen. Sie konnten mich natürlich nicht sehen, aber ich habe sie gesehen und auch gehört.

Ja, und dann sind sie schließlich heimgekommen. Meine Mama musste statt zur Marende gleich in den Stall gehen, um die Kühe zu melken. Ich hörte sie noch sagen: „Wo wird diese Lausgitsche sein, die kann sich heute Abend wieder mal auf etwas gefasst machen."

Da wusste ich, was ich zu erwarten hatte, und so habe ich den Entschluss gefasst, noch am selben Abend fortzulaufen. Ich konnte es einfach nicht mehr länger aushalten.

Ein Weilchen wartete ich noch in meinem Versteck. Ich konnte genau die Zeit abschätzen, die Mama brauchte, um die Kühe zu melken. Dann ging ich langsam in die Küche, die Erwachsenen waren in der Stube bei der Marende, nahm mir eine heiße Kartoffel und holte mein schwarzes, altes Mantele, das ich immer zum Hüten mitnahm, verließ das Haus wieder und ging auf den Stall zu. Doch da kam mir auch schon Mama entgegen. Links und rechts einen großen Eimer voll Milch. Ich habe einen Bogen um sie gemacht, aber sie sagte mit drohender Stimme zu mir: „Du weißt, was dich heute noch erwartet!"

Ich ging langsam weiter in den Stall, ließ die Kühe von ihren Ketten und trieb sie auf die Wiese. Dort hütete ich sie eine Weile, anschließend brachte ich sie wieder in den Stall zurück. Und dann, bevor Mama mich sehen konnte, lief ich davon.

Eine Tante von mir wohnte ungefähr eine Stunde von unserem Hof entfernt. Ich nahm eine Abkürzung und lief so schnell ich konnte den Hang hinauf. Immer wieder schaute ich zurück, um mich zu vergewissern,

dass mich niemand sah. Endlich war ich oben angekommen. Vor dem Haus stand der Franzl, der Knecht,
und fragte mich: „Ja, Rosa, was machst du denn
hier?" Wie aus der Pistole geschossen kam meine
Antwort: „Zu dir herauf bin ich gekommen, um dich
zu heiraten." Der hat vielleicht gelacht, und ich lachte
mit. Wenn ich gewusst hätte, wie der Abend weiter
verläuft, hätte ich bestimmt nicht gelacht.

„Ja", meinte er dann, „heiraten kannst du mich
später. Aber sag, was tust du eigentlich da?" Ich fragte
ihn nach meiner Tante. „Die ist in der Küche, geh nur
hinein!", antwortete er.

Also ging ich in die Küche und meine Tante fragte
mich ganz verwundert: „Was willst du denn hier? Es
ist ja schon bald Abend." Ich überlegte nicht lange und
fragte, ob ich heute in ihrem Haus schlafen dürfe.
„Wieso denn das?", fragte mich die Tante erstaunt.
„Ich bin davongelaufen und gehe auch nicht wieder
zurück", meinte ich. Die Tante erklärte mir: „Das geht
doch nicht!", doch ich erwiderte: „Ich gehe erst wieder
heim, wenn meine Mama gestorben ist und auch der
Großvater. Wenn ich heute hier schlafen darf, dann
bin ich schon zufrieden. Morgen gehe ich über den
Berg auf die andere Seite des Tales. Ich werde schon
jemanden finden, bei dem ich bleiben darf."

Ich frage mich heute noch, was damals in meinem
Kopf vorgegangen ist.

Dann habe ich mit ihnen zu Abend gegessen. Nachher wurde – wie damals so Brauch – der Rosenkranz gebetet. Und dann ging es los.

Die zwei ältesten Buben haben mich gepackt, einer links, der andere rechts. Ich habe mich gewehrt, geweint und gebettelt: „Lasst mich los! Ich will nicht heim!" Aber ich hatte keine Chance. Dann ging es den Hang hinunter.

Unten angekommen, dort, wo in der Ebene zwischen den Feldern der Weg weiterging, der uns zum Hof meines Großvaters führte, kam uns ein Lichtlein entgegen. Es waren meine Mama, mein Großvater und zwei Tanten, die mit einer Laterne schon auf der Suche nach mir waren.

Langsam gingen wir weiter, nach ungefähr 20 Minuten hatten wir schließlich den Hof erreicht. Neben dem Hof plätscherte ein kleines Bächlein. Sofort sah ich die Rute, die darin lag. Mama hatte einen Stein daraufgelegt, damit sie nicht fortgeschwemmt werden konnte. Da wusste ich, dass sich meine Befürchtungen bewahrheiten würden. Wir gingen aber vorerst daran vorbei und für einen Moment keimte Hoffnung in mir auf, dass ich vielleicht ungeschoren davonkommen könnte. Von wegen. Kaum waren wir bei der Haustür angelangt – gleich rechts ging es die Treppe hoch ins Haus –, sagte Mama: „Geh zum Bach hinüber und bring mir die Rute!" Also ging ich noch einmal zurück, kam aber ohne Rute wieder und sagte: „Ich habe keine Rute gesehen." Ich wollte einfach nicht mehr.

Mama schrie mich zornig an: „Hol sofort die Rute, sonst hole ich sie selber!" Langsam ging ich noch einmal zum Bächlein zurück, nahm die Rute, ging zu Mama, gab ihr die Rute in die Hand und stürmte so schnell ich konnte die Stiege hinauf, direkt hinein in die Gitschnkammer. Die Gitschnkammer war ein Raum, wo drei Schwestern meiner Mama schliefen. In dieser Kammer befanden sich ein Doppelbett und ein Einzelbett. Unter dieses Doppelbett kroch ich hinein. Mama versuchte mit der Rute, mich zum Herauskriechen zu bewegen. Ich weinte und bettelte: „Bitte, Mamile, tu mir nichts!" Dann rief ich immer wieder: „Leut und Kinder, helft mir!" Aber da alles nichts nützte, und sie mich nicht unter dem Bett herausbrachte, versuchte sie es im Guten: „Komm heraus, Rosale, ich tu dir nichts mehr." „Tust mir ganz bestimmt nichts mehr?" „Na, na, ich tu dir ganz bestimmt nichts mehr. Komm nur heraus."

Langsam kroch ich heraus aus meinem schützenden Versteck. Vertrauensselig gab ich ihr meine Hand und wir gingen in unsere Kammer. Kaum aber hatte sie die Türe hinter uns zugemacht, da ging es los:

Hose runter, Rute küssen. Sie wollte überhaupt nicht mehr aufhören. Diesen Ungehorsam habe ich bitter gebüßt.

Am nächsten Tag habe ich mit dem Spiegel von Mama, das habe ich fast jedes Mal gemacht, meinen Hintern angeschaut. Dieser hatte alle Farben: blau, grün, voller Striemen. Es sah furchtbar aus. Bis heute kann ich nicht verstehen, wie eine Mutter ein unschuldiges, ihr anvertrautes Kind so peinigen kann.

Übrigens: Wenn die Rute eine Weile im Wasser gelegen hatte, dann hat es besonders weh getan. Weil die Rute dann ja weicher war.

Damals konnte ich oft tagelang nicht richtig sitzen. Im Winter, wenn es kalt war und ich diese dicken Wollstrümpfe tragen musste, war es ganz besonders schlimm. Die Strümpfe klebten an meinen Striemen fest, und wenn ich sie herunterzog, fingen meine Oberschenkel an zu bluten.

Ein Tag ist mir besonders in Erinnerung geblieben. Ich ging damals im Nachbarort zur Schule, wo ich meine ersten drei Schuljahre verbrachte. Dort fand zwei Mal in der Woche auch die Schulmesse statt. Einmal waren die Schmerzen so stark, dass ich nach der Messe nach Hause gelaufen bin, es waren nicht mehr als zehn Minuten, und zu Mama gesagt habe:

„Ich halte es nicht mehr aus, es brennt so!" Mama ging mit mir in die Küche – heute sehe ich mich noch in dieser Küche stehen, wie eine arme Seele, den Kittel oben. Mama hat mir gerade den Hintern mit Schweinefett eingerieben, als die Tür aufging und Onkel Leo hereinkam.

Er hat mich ganz entsetzt angesehen, und an seinen Gesichtszügen habe ich gemerkt, wie sehr ich ihm leidgetan habe. Ich habe mich so geschämt, dass ich am liebsten im Erdboden versunken wäre.

Wenn ich abends vor Mama schlafen gegangen bin, habe ich immer unter ihr Federbett geschaut, und nicht selten lag eine Rute darunter. Natürlich hat sie mich dann auch geschlagen. Im Bett war es auch besonders schlimm, weil ich ja still liegen musste. Wenn ich wenigstens gewusst hätte, warum schon wieder …

Um unseren Hof herum standen mehrere Birkenbäume. Oft musste ich die Rute von dort selber holen. Die alte Huber-Mutter hat mich dabei manchmal beobachtet. „Mein Gott, bist du ein armes Kind!", hat sie dann immer gesagt.

Einmal hatte mir Mama versprochen, dass ich am Abend nach dem Rosenkranzbeten baden darf. Ich habe mich so darauf gefreut. So oft wurde ich ja nicht gebadet. Nach dem Abendessen hat Mama den Tisch abgeräumt, ist in die Küche gegangen und hat in einem großen Zuber das Wasser für das Bad hergerichtet und nebenher das Geschirr abgewaschen. Wir haben den Rosenkranz gebetet, ich konnte es kaum erwarten, bis wir damit fertig waren.

Endlich konnte ich aufstehen und in die Küche laufen. Aber was ich dort sah, ließ mich erstarren. In der Küche gab es einen Brunnen und dort drinnen lag eine Rute. Die Freude auf das Bad war mir vergangen. Ich zog mich langsam aus und stieg in den Badezuber. Heraus wollte ich nicht mehr. Da hat meine Mama mich gepackt, herausgerissen, abgetrocknet und nackt, wie ich war, hat sie mich verhauen, aber wie! Kann sich jemand vorstellen, wie einem Kind in solch einer Situation zumute ist? Wenn ich wenigstens gewusst hätte, wofür ich schon wieder bestraft wurde.

Meine Mama hat nie verstanden, dass ich an ihrer Misere schuldlos war, und hat ihren ganzen Frust und ihre Verzweiflung immer an mir ausgelassen. Das Schlimmste für sie war, dass ich das Ebenbild meines Vaters war. Besonders dann, wenn ich lachte. Dann konnte es schon passieren, dass ich einfach so eine Ohrfeige bekommen habe, und Mama gesagt hat: „Alles hat sie von dem Glåtzkopf."

Bei uns im Tal wurde jeden Tag eine Messe gelesen, und natürlich musste ich auch jeden Tag in die Kirche.

Aber es ist auch vorgekommen, dass manches Mal eine Messe ausfiel. Dann durfte ich im Bett bleiben. Einmal, so kann ich mich erinnern, habe ich an so einem Tag im Bett auf Mama gewartet und mich auf sie gefreut. Denn trotz allem habe ich meine Mama lieb gehabt. Man sagt ja immer, Kinder lieben ihre Peiniger. Und das stimmt wirklich. Nach einer Weile hörte ich sie draußen auf unsere Kammer zukommen, ich erkannte sie am Schritt. Dann kam sie zur Tür herein. Doch bei ihrem Anblick wäre mir beinah das Herz stehen geblieben. Sie hielt eine riesengroße Rute in der Hand, sie hatte sie selber geholt, das kam öfter vor.

Mama warf die Rute auf mein Bett und sagte: „Da, schau sie dir nur an." Dann zündete sie sich eine Zigarette an, Mama hat nämlich geraucht. Wie habe ich geweint und gebettelt. Aber es hat alles nichts genützt. Hinterher habe ich ausgeschaut wie der Herrgott am Kreuz. Wie herzlos und verrückt muss man sein, einem Kind so was anzutun?

Es muss 1945/46 gewesen sein, ich war ungefähr zehn Jahre alt. Manfred, der Jungbauer, war vom Krieg schon zurückgekehrt. Da haben wir einen neuen Knecht bekommen. Vor dem hatte ich große Angst. Er hat mich angeschaut mit einem Blick – ich kann es nicht beschreiben. Kinder spüren es, wenn Gefahr droht.

Einmal auf dem Heuboden – ich musste für die Kühe Heu durchs Futterloch werfen – war plötzlich dieser Martin hinter mir und hat mich an den Beinen erwischt. Ich schrie so laut ich konnte. Daraufhin ist er abgehauen. Von da an war meine Angst vor ihm noch größer.

Und dann, einmal, die Ziegen waren im Wald, hat Manfred zu mir gesagt: „Du, Gitsche, geh die Ziegen holen, bevor es Nacht wird." Es war halb fünf, ich hab noch auf die Uhr geschaut.

Das hat auch der Martin gehört. Er hat mich angeschaut – mit diesem Blick –, in mir kroch die Angst hoch. Dann bin ich losgelaufen, den Wald hinauf, die Angst hat mich weitergetrieben. Ich lief und lief, so schnell ich nur konnte. Immer wieder schaute ich zurück, und dann, plötzlich, war er hinter mir. Er warf mich auf den Boden, riss mir die Hose herunter, seine Hände waren überall. Er hat mir auch wehgetan. Er schnaubte wie ein altes Ross. Ich weinte und bettelte: „Lass mich los, ich sag's der Mama!" Es hat eine Ewigkeit gedauert.

Plötzlich, mit einem Schlag, war alles vorbei. Ich sehe heute noch sein rotes Gesicht vor mir. Dann hat er angefangen, mich sauber zu machen, auch sich selbst, hat mich an der Hand genommen und mir zugeredet, es ja nicht meiner Mama zu erzählen. Es fing schon an dunkel zu werden. Wir haben noch eine Weile nach den Ziegen gesucht. Natürlich haben wir sie nicht gefunden und schließlich sind wir nach Hause gegangen.

Beim Hof angekommen, war es schon finster. Der Knecht hat mich an der Hand gehalten und wir sind gemeinsam in die Stube hineingegangen. Scheinheilig hat er erzählt, wie weit wir gelaufen wären, um die Ziegen zu finden. Mama hat ein zorniges Gesicht gehabt: „Wie schaust du denn aus?" Ich war mir todsicher, dass ich zur Strafe wieder geschlagen werde. Aber der Martin hat alles schöngeredet. Und so war zum Glück diesmal meine Angst umsonst. Nie, nie im Leben hätte ich meiner Mama erzählt, was der Knecht mit mir gemacht hat. Das „Kind der Sünde" war ja ich.

Übrigens habe ich auf die Uhr geschaut. Es war halb acht, wir waren also drei Stunden draußen gewesen.

Langsam gingen die Jahre vorbei. Ich konnte es kaum erwarten, endlich 14 Jahre alt zu werden, weil ich hoffte, dass Mama mich dann, wenn ich die Schule beendet hatte, nicht mehr schlagen würde.

Die Stunden in der Schule habe ich sehr genossen. Ich habe für mein Leben gern gelesen und gesungen. In der siebten und achten Klasse durfte ich in der Schule auch schon selbst Hefte korrigieren. War das eine Freude! Und auf Hochzeiten war es immer an mir, die Verslein aufzusagen. Auch habe ich ein paar Mal Theater gespielt. Ein Theaterstück, an das ich mich erinnere, hieß „Erstkommunion im Kerker". Da war ich sieben. Eigentlich wollte ich immer Lehrerin werden, aber dafür war kein Geld da.

Nie vergessen werde ich, wie mich Mama das letzte Mal geschlagen hat. Ich war damals 13 Jahre alt. Es war in meinem letzten Schuljahr. Ich war gerade in der Kammer oben, mittlerweile war ich fast so groß wie Mama. Da kam sie plötzlich zur Tür herein, in der Hand hielt sie eine Riesenrute, und sagte: „So, bevor du erwachsen bist, muss ich dich noch einmal richtig durchhauen, sodass du im späteren Leben weißt, was du zu tun hast." Das muss man sich einmal vorstellen. Wie sehr habe ich Mama in diesem Moment gehasst! Ich hatte so eine Wut im Bauch, dass ich nicht einmal geweint habe.

Bald darauf ging meine Zeit in der Schule zu Ende. Den letzten Schultag vergesse ich nie. Alle meine Mitschüler waren fröhlich und haben gelacht. Ich hingegen stand abseits und war tieftraurig.

In Erinnerung geblieben ist mir sehr genau, wie ich mich als Kind immer geschämt habe. Ich habe mir eingebildet, dass die Leute mir an meinem Gesicht ansehen, dass ich ein „Kind der Sünde" bin. So habe ich jedes Mal, wenn ich einem Priester oder Pater begegnet bin, die man ja grüßen musste, angefangen mir die Nase zu putzen und dabei mein Gesicht tief im Taschentuch verborgen.

Eine lustige Anekdote fällt mir noch ein. Ich musste ja fast jede Woche zur Beichte. Einmal auf dem Weg zur Kirche habe ich darüber gegrübelt, was ich dieses Mal denn beichten sollte, aber mir ist einfach keine Sünde eingefallen. Ich bin dann in den Beichtstuhl gegangen, habe das Türchen geöffnet, mein Kreuzzeichen gemacht und das Gebet aufgesagt, wie wir es gelernt hatten: „Ich danke für den heiligen Segen und bitte Gott um eine gute Beichte." Dann sagte ich: „Ich habe keine Sünde begangen." Daraufhin der Pfarrer: „Dann geh wieder!" Also bin ich wieder aus dem Beichtstuhl hinaus, hab mich in eine Kirchenbank gekniet, ein Vaterunser gebetet und bin dann, ganz zufrieden mit mir selbst, nach Hause gegangen. Mama habe ich davon natürlich nichts erzählt.

Im Dezember 1949, mit 13 Jahren, habe ich meine erste Regel bekommen. Ich habe mich zu Tode erschrocken, weil ich ja nicht wusste, was das ist. Ich habe mir damals gedacht, das hätte ich nur deshalb, weil ich ein „Kind der Sünde" sei. Und ich war schon darauf gefasst, dass Mama mich auch noch mit 14 Jahren so richtig durchhauen würde.

Also habe ich mich natürlich nicht getraut, ihr davon zu erzählen. Aber Mama hat gemerkt, dass mit mir etwas nicht stimmte. Ich konnte ja nicht mehr richtig sitzen und das Bett war voller Blut. Das hat sie dann auch entdeckt. Aber statt tröstender Worte oder einer beruhigenden Erklärung hat sie mich nur zornig angeschaut und gemeint: „Dass du es nur weißt, du darfst dich jetzt nicht mehr waschen und musst immer die gleiche Unterhose tragen."

Die Schläge sind mir zwar erspart geblieben, aber ich stand da, alleine, ratlos, verzweifelt und ängstlich, und hatte keine Ahnung, was ich machen und wie es weitergehen sollte. Und wie es mir damit weiter ergangen ist, möchte ich hier nicht erzählen, weil ich mich schäme.

Im Juni 1951 ging schließlich meine Kindheit auf dem Hof zu Ende. Der Ernst des Lebens begann. Ich sollte langsam lernen, auf eigenen Beinen zu stehen, und so hatte Mama es eingefädelt, dass ich als Dirn auf dem Hof meiner Tante arbeiten konnte. Da deren älteste Tochter nur selten zu Hause war, konnte sie eine zusätzliche Arbeitskraft gut gebrauchen.

Eine Zeit lang ging alles gut. Ich musste viel und hart arbeiten. So stand ich jeden Tag um fünf Uhr auf, manchmal auch noch zeitiger, um mit der Arbeit zu beginnen.

Sonntags war ich schon um halb vier Uhr auf den Beinen. Denn um rechtzeitig in der Kirche bei der Frühmesse zu sein, die um sechs Uhr begann, musste ich einen Fußmarsch von 35 Minuten hinter mich bringen.

Von der schweren Arbeit auf dem Hof schmerzten meine Arme manchmal so sehr, dass ich kaum imstande war, die Kühe zu melken. Und als dann auch noch die Cousins anfingen, mich zu schikanieren, wurde es immer schlimmer. Wenn ich heute an diese Zeit zurückdenke, dann wundert es mich, dass ich das alles überhaupt ertragen habe. Zum Beispiel nannten sie mich immer den Steiner-Riasl. Mein Vater war nämlich der Steiner Michl.

Wenn ich den Stall saubergemacht hatte, schütteten sie die ganze Strebe wieder auf den Mittelgang, und ich musste ein zweites Mal kehren. Daraufhin hat es dann immer geheißen, ich sei faul und würde mit der Arbeit nicht fertig werden. Manchmal haben sie mir auch Wasser ins Bett geschüttet, sodass ich auf dem nassen Strohsack schlafen musste. Da habe ich mich manchmal in den Schlaf geweint.

Einmal war ich mit meiner Tante allein in der Stube. Wir haben gemeinsam die Wäsche sortiert. Ich weiß nicht, wieso, es ist mir einfach so herausgerutscht, aber ich habe sie Mama genannt. Mein Gott, wie hat sie mich da angeschaut! In einem gehässigen Ton sagte sie: „Nenn du mich nie wieder Mama! Von so einer wie dir möchte ich nie die Mutter sein." Es war mir, als hätte ich einen Schlag ins Gesicht bekommen. Ich war verletzt und verzweifelt.

An einem Sonntagmorgen wollte ich wie immer zur Frühmesse. Ich habe mir den Mantel angezogen und in die Tasche gegriffen, um mich zu vergewissern, dass ich ein Taschentuch dabei hatte. Da spürte ich einen harten Gegenstand. Als ich das Taschentuch herauszog, um nachzusehen, was es war, entdeckte ich eine tote Maus. Mit einem Faden hatten sie sie mir ins Taschentuch genäht. Ich war nur froh, dass ich es noch zu Hause bemerkt hatte.

Wie damals bei allen Bauern, war es auch bei uns üblich, dass eine große Schüssel mit Suppe oder Milch in die Mitte des Tisches gestellt wurde, wenn es Krapfen, Buchteln oder Brot gab. Das Gebackene wurde rundum auf dem Tisch verteilt. Da haben meine Cousins dort, wo mein Platz war, alles weggegessen. Sie meinten nur: „Die hat sich keinen Krapfen verdient, weil arbeiten tut sie ja auch nicht." Alle haben gelacht. Gesagt hat keiner etwas. Meistens bin ich noch hungrig vom Tisch wieder aufgestanden. Meine Magenschmerzen haben damals begonnen. Mit 20 Jahren hatte ich erstmals Magengeschwüre.

Jeden Abend war es meine Aufgabe, die Küche sauber und ordentlich aufzuräumen. Alle anderen blieben währenddessen gemütlich in der Stube sitzen und plauderten. Als ich mit dem Abwasch fertig war, habe ich mich lange nicht zu ihnen hineingetraut. Ich schlief ja in der Stubenkammer und musste durch die Stube hindurch, um in diese zu gelangen. Stattdessen bin ich lange im Gang draußen hin- und hergegangen.

Irgendwann musste ich aber hinein. Dann begann ein Spießrutenlauf, bis ich meine Kammertüre erreicht hatte. Als sie mich bemerkten, hielten sie sich die Nasen zu und spotteten: „Jetzt kommt der Steiner-Riasl. Riechst du auch, wie sie stinkt?" Immer wieder ist mir dann der Gedanke durch den Kopf gegangen, dass es wohl besser gewesen wäre, wenn ich bei meiner Geburt gestorben wäre. So wie Mama dafür gebetet hat. Es wäre mir vieles erspart geblieben.

Im Sommer bei der Heuarbeit war es oft unerträglich. Mein Cousin erfand immer etwas, womit er mich schikanieren konnte. Besonders beim Kornschneiden war es schlimm, wenn ich mit Eduard zusammenarbeiten musste. Er war der Übelste von allen. Die Männer schnitten das Korn und die Frauen mussten die Ähren zu Garben binden. Aus den Halmen wurde dafür ein Band geflochten, welches die Garben zusammenhielt. Als ich mit dem Binden fertig war, ritzte Eduard mit seiner Sense bei jeder Garbe das

Band wieder auf, und ich musste wieder von vorne anfangen. Alle haben sich amüsiert und über mich gelacht. Es war zum Heulen.

Abends fiel ich immer todmüde ins Bett. Manchmal schmerzten meine Glieder so sehr, dass ich kaum einschlafen konnte.

Zu einem anderen Vorfall kam es, als die älteste Tochter Lena wieder einmal für kurze Zeit zu Hause war. Die kleine Barbara schlief aus diesem Grund neben mir in meinem Bett. Mitten in der Nacht spürte ich plötzlich etwas Schweres auf mir. Es roch nach Alkohol. Erst nach ein paar Sekunden realisierte ich, was da vor sich ging. Es war stockdunkel, sehen konnte ich nichts. Ich gab dem Etwas einen Stoß und sagte: „Du Schwein, schau, dass du hinauskommst." Ich hörte ein leises Kichern, die Gestalt verließ die Kammer und langsam schloss sich die Tür wieder. Ich war mir ganz sicher, dass es Franzl, der Knecht, war.

Wie immer stand ich am nächsten Morgen in aller Herrgottsfrüh auf und ging in den Stall, um die Kühe zu melken, zu füttern und auszumisten. Als ich so gegen halb sieben mit der Milch in die Küche kam, war Lena gerade beim Mus kochen. Ich sagte zu ihr: „Du, Lena, der Franzl war heute Nacht in meinem Bett. Das Schwein, ich hab ihm einen Tritt gegeben, dann ist er verschwunden." Gesagt hat sie nichts, sie hat mich nur komisch angeschaut.

Sie wusste da schon ganz genau, dass es nicht der Franzl, sondern ihr Vater war. Als dieser in der Nacht mit einem Rausch nach Hause kam, haben ihn der Eduard und der Toni in mein Bett gelegt. Das haben sie gemacht, um den anderen Verwandten sagen zu können, dass ich nur die Männer im Kopf hätte. Dabei war ich damals erst 16 Jahre alt.

20 Jahre später habe ich dann von der Gotl Monika erfahren, dass es nicht der Franzl war, sondern eben der Mann meiner Tante, der Sepp, der Bauer vom Rainer-Hof.

Lena habe ich eigentlich recht gerne gemocht. Ein einziges Mal habe ich mich bei ihr ausgeweint und ihr mein Leid geklagt, als ich wieder einmal eine Nacht auf dem nassen Strohsack schlafen musste. „Ach", meinte sie damals tröstend, „lass die blöden Buben und mach dir nichts draus!"

Einmal, ich erinnere mich noch gut daran, es war an einem Sonntag im Sommer 1953 nach dem Hauptgottesdienst, war ich gerade dabei, den Tisch für das Mittagessen zu decken. Die Männer kamen meistens so gegen elf, halb zwölf zum Essen nach Hause. Da sagte der Eduard zu den anderen, so ganz nebenbei: „Habt ihr schon gehört? Heute haben sie in der Stadt die Schneider Maria mit dem Fahrrad überfahren. Sie ist tot. Aus den Innereien haben sie im Krankenhaus für die Kranken ein Gröstl gemacht." Natürlich habe ich das mit dem Gröstl nicht geglaubt, aber was den Unfall betraf, kamen mir Zweifel. Ich wusste ja, dass Mama jeden Sonntag mit dem Fahrrad in die Stadt fuhr. Es ließ mir einfach keine Ruhe mehr.

Als ich nach dem Mittagessen mit meiner Arbeit fertig war, zog ich mir eine saubere Schürze an und lief, so schnell ich konnte, den Hang hinunter zum Hof meiner Großeltern. Ich stürzte in die Stube hinein. Da saß Mama. Sie war beim Sockenflicken. Ich setzte mich zu ihr auf die Bank und fing an zu weinen.

Es war das erste und das letzte Mal, dass ich mich ihr anvertraut habe. „Ich halte es nicht mehr aus", sagte ich. „Ich gehe da nicht mehr hin." Wir haben eine Weile miteinander geredet und ich erzählte ihr von einigen Vorfällen. „Weißt du", sagte Mama daraufhin, „ich frage meine Schwester Flora, die Stocker-Bäuerin. Sie hat ihr erstes Kind bekommen, vielleicht braucht sie ja jemanden zum Helfen."

Als wir uns kurz darauf wiedersahen, erzählte Mama, dass sie ihre Schwester gefragt habe. Doch diese habe nur erwidert: „Nein, die kann ich nicht gebrauchen. Die ist stinkfaul und hat nur die Männer im Kopf." Ich war sprachlos und wollte es einfach nicht glauben. Schon deshalb nicht, weil ich ja mit ihr gemeinsam auf dem Hof aufgewachsen bin. Dieses falsche Urteil hat mir sehr weh getan. Erfreulicherweise hatte

Mama diesmal Partei für mich ergriffen und mich vor ihrer Schwester verteidigt.

Ich habe daraufhin beschlossen, noch bis Ende Oktober, also bis die meiste Arbeit auf einem Bauernhof vorbei ist, bei meiner Tante auf dem Rainer-Hof zu bleiben. Dann wollte ich von dort weggehen. So kam es schließlich auch. Ende Oktober habe ich meinen armseligen Koffer gepackt und bin fortgegangen. Endlich konnte ich dieser Hölle entkommen. Denn die war es manchmal wirklich gewesen. Zu diesem Zeitpunkt war ich 17 Jahre alt.

Wir haben bald darauf bei einer Schneiderin in der Stadt eine Stelle für mich gefunden. Dort habe ich als Lehrmädchen angefangen. Die Frau kam aus unserem Dorf. Sie war verheiratet, hatte drei Kinder im Alter von fünf, vier und zwei Jahren und einen Mann, der nicht arbeitete, sich aber jeden Tag betrank. Sie musste mit ihrem Verdienst alleine die Familie erhalten, dem Mann noch Geld fürs Trinken geben und die täglich anfallenden Spesen begleichen. Wie taten mir diese Kinder oft leid. Zum Mittagessen bekamen sie meist nur Kaffee und Brot.

Bei ihr blieb ich ungefähr ein Jahr lang. Das Nähen hat mir viel Spaß gemacht und die Frau behandelte mich sehr gut. Aber davon allein wurde ich nicht satt.

Morgens und abends fuhr ich mit dem Fahrrad zur Arbeit. Geschlafen habe ich bei Tante Anna. Auch das Frühstück und das Abendessen habe ich bei ihr bekommen. Zu Mittag konnte ich bei einer uns bekannten Familie in der Stadt essen. Als Dank durften sie bei meinem Onkel Holz für den Winter holen. Denn Holz hatte er ja genug. Auch diese Familie war übrigens sehr nett zu mir.

So ging dieses Jahr vorbei. Die Schneiderin konnte mich für meine Arbeit nicht bezahlen, weil sie selbst nicht viel hatte. Auch ich hatte nichts. Noch zwei Jahre Lehrzeit ohne Lohn, so konnte es nicht weitergehen. Manchmal hatte ich Hunger, die Magenschmerzen kamen hinzu. Zum Anziehen hatte ich auch nichts. Also habe ich beschlossen, einen Arbeitsplatz zu suchen. Die Frau half mir dabei, sie kannte viele Leute. Und wir hatten Glück. Nach kurzer Zeit hatten wir eine Stelle gefunden. Der Bürgermeister der Stadt suchte eine Haushaltshilfe für seine Frau. Er war Italiener, beherrschte aber die deutsche Sprache, wie auch seine Söhne. Seine Frau aber konnte kein Wort Deutsch sprechen und auch verstanden hat sie unsere Sprache nicht.

Anfangs habe ich mir deshalb schon Sorgen gemacht. Ich selbst konnte auch nur wenige Worte Italienisch. Aber dann ist alles gut gegangen und manchmal war es richtig lustig. Die italienische Sprache habe ich schnell erlernt. Es hat mir sogar Freude gemacht.

Beeindruckt war ich von dem Luxus, den ich im Haus des Bürgermeisters vorgefunden habe. Ich kam ja aus einem Bauernhaus, da war ich keine Annehmlichkeiten gewöhnt. Zum ersten Mal in meinem Leben habe ich ein Bad gesehen. Das durfte ich auch benutzen. Und ein richtiges Klo. Eigentlich bin ich fast wie eine Tochter aufgenommen worden.

Arbeit gab es genug. Waschmaschine gab es noch keine. Ich musste putzen, waschen, bügeln und kochen lernen.

Sonntagnachmittags hatte ich frei. Da bin ich immer zum Tanner-Wirt tanzen gegangen. Das habe ich für mein Leben gern getan. Um sieben Uhr abends musste ich wieder zu Hause sein. Manchmal konnte ich abends auch ins Kino gehen. Da hat Frau Ferri dann immer gewartet, bis ich wieder daheim war.

Eigentlich war es eine schöne Zeit, die ich bei der Bürgermeisterfamilie verbracht habe. Zwei Jahre bin ich dort geblieben. Dann hat es mich fortgezogen.

Ich kann nicht genau sagen, warum ich immer nach Bozen wollte. Eine Cousine von mir, die ich sehr gerne mochte, lebte dort. Und sie schrieb mir manchmal, ich solle zu ihr in die Stadt kommen. Schließlich hat sie mir kurzerhand einen Posten bei einer sieben-köpfigen Familie besorgt. So kam es dazu, dass ich nach Bozen übersiedelte.

Der Abschied von der Familie des Bürgermeisters ist nicht leichtgefallen, waren doch alle sehr nett zu mir gewesen. Als ich nach Bozen ging, war ich 20 Jahre alt.

Bei meiner neuen Arbeitsstelle gab es genug zu tun. In der großen Villa mit Garten lebten vier Erwachsene und drei Kinder. Ich bekam nie einen ganzen Tag frei. Nur den Sonntagnachmittag hatte ich für mich. Meistens wurde es aber drei Uhr, bis ich das Haus verlassen konnte.

1957 habe ich dann Florian Weiß, meinen Mann, ken-nengelernt. Es war am Josefstag, den 19. März, das weiß ich noch genau. Florian hatte eine Vespa. Damit sind wir sonntags meistens in sein Elternhaus in einem Dorf im Unterland gefahren. Mit seiner Mutter war er sehr nett. Das hat mir schon gefallen. Auch habe ich bald gemerkt, dass er Kinder sehr gerne mag. Trotzdem war die Familie sehr zerstritten. Mein Gott, gestritten haben sie wie die *Kårrner* und hinterher dann wieder zusammengehalten wie Pech und Schwe-fel. Das hat mir schon manchmal zu denken gegeben.

Florian hatte eine Schwester. Sie arbeitete in einer Bar und sonntags hatte sie ihren freien Tag. Wenn wir so gegen drei Uhr nachmittags oder manchmal auch später im Haus meiner zukünftigen Schwiegermutter angekommen sind, ist es schon vorgekommen, dass die Wäsche meiner Schwägerin und auch die ihrer Eltern eingeweicht war. Ich musste dann die Wäsche waschen und meine Schwägerin hat mir dabei zugeschaut. Sie war ja die Prinzessin. Wenn ich nicht gewaschen habe, musste ich andere Arbeiten erledigen, bügeln oder flicken. Florian ging unterdessen in die Bar, um sich dort mit seinen Kollegen zu unterhalten.

Ein einziges Mal habe ich mich auf der Heimfahrt bei ihm beklagt, dass ich an meinem freien Nachmittag die Wäsche seiner Familie waschen musste und deshalb sehr müde war. Da bekam ich die schnippische Antwort: „Das wird dir etwas ausmachen!"

Eigentlich hätte ich damals schon begreifen müssen: Wenn ein Mann schon vor der Ehe mehr zu seiner Familie als zu seiner Frau hält, wie wird es dann erst in der Ehe werden. Es hat sich schließlich bewahrheitet, Florian hat immer nur zu seiner Familie gehalten.

Für mein Leben habe ich mir ein Motto zurechtgelegt: „Lass das Traurige sein, such dir das Gute heraus und danke Gott für jeden neuen Tag."

Am 2. Mai 1959 haben wir in meinem Heimatort geheiratet. Es war eine einfache Hochzeit, aber trotzdem war es für die damalige Zeit ganz schön. Ich war 22 Jahre alt, mein Mann 26. In Bozen hatten wir eine kleine Wohnung.

Nie habe ich den guten Rat vergessen, den mir meine Mama nach der Trauung für die Ehe mitgegeben hat: „Dass du es nur weißt, Gitsche, ab jetzt hast du zu gehorchen und nun musst du es wirklich tun."

Ich habe gehorcht, 20 Jahre lang. Ich habe meinen Mann angebetet. Er war für mich ein Idol. Hat er mir doch das gegeben, wonach ich mich immer gesehnt habe. Ein richtiges Zuhause. Es war klein und armselig. Aber ich fühlte mich dort wie im siebten Himmel.

Ich wurde bald schwanger. Bernd kam am 30. Jänner 1960 auf die Welt. Wie sehr habe ich mich auf dieses Kind gefreut! Das erste Kind ist für jede Mutter etwas Besonderes. Ich wünschte mir immer drei Kinder, aber daraus ist leider nichts geworden. Ich bin zufrieden, dass ich zwei bekommen habe.

Wenn ich damals schon gewusst hätte, wie viel Leid die kommenden Jahre über mich bringen würden, ich weiß nicht, was ich gemacht hätte. Aber zum Glück kann niemand in die Zukunft sehen.

Es muss Anfang der Sechzigerjahre gewesen sein. Jedenfalls war zu diesem Zeitpunkt Mama bei mir. Da ging ich mit meinem Mann auf einen Ball. Ich weiß nicht mehr genau, wo wir hingefahren sind, in irgendeines der Dörfer nahe Bozen. Im Tanzsaal setzten wir uns an einen Tisch, wo schon ein Ehepaar mittleren Alters saß. Es kamen noch einige andere Paare dazu und wir unterhielten uns gut. Irgendwann nach Mitternacht machte sich das Ehepaar auf den Heimweg und verabschiedete sich von uns. An mich gewandt meinte der Mann: „Sie, Frau, können einem wirklich nur leidtun. Ihr Mann gibt Ihnen wohl niemals recht." Ich war sprachlos. Als sie gegangen waren, meinte mein Mann, der das gehört hatte: „Was will denn der von uns?"

Auch meine Verwandten meinten später einmal: „Schade, dass der Florian so früh sterben musste. Mit ihm konnte man sich gut unterhalten. Aber Recht gelassen hat er dir nie."

Zu dieser Zeit wohnte Mama bei uns, ungefähr drei Jahre lang. Florian hatte ihr eine Arbeitsstelle in Bozen besorgt. Mama hatte nämlich schon einige Jahre vorher den Hof ihres Vaters verlassen und seitdem auf mehreren Bauernhöfen als Magd gearbeitet.

Das Zusammenleben war nicht immer einfach. Meine Mama hatte ihren eigenen Willen und ließ sich nicht gerne bevormunden. Es gab oft Streit und Reibereien. Nur mit den Kindern war sie immer liebevoll. Sie hat sie sehr gemocht und auch meine Kinder hatten ihre Oma sehr gern.

Ab April 1961 haben wir dann eine größere Wohnung gemietet. In diese ist für ein halbes Jahr auch meine Schwägerin mit eingezogen, die zu der Zeit in einer Bar in Bozen arbeitete. Ich musste für sie kochen und waschen, sie hat dafür einen kleinen finanziellen Beitrag geleistet – den haben wir auch gut gebraucht, um über die Runden zu kommen. Meine Schwiegermutter hat mir jedoch genauestens vorgeschrieben, was ich für ihre Tochter kochen musste. Mindestens einmal in der Woche sollte sie ein Rindschnitzel kriegen, sie brauchte ein gutes Essen und abends auch immer etwas Warmes. Vor dem Schlafengehen musste ich ihr ein paar Kissen unter die Matratze legen, damit sie ihre Füße hochlegen konnte. Die Arme musste ja den ganzen Tag stehen. Und mein Mann hat die beiden bei all dem unterstützt. Manchmal fühlte ich mich wie Aschenputtel. Das lief bis zum Herbst so, dann ist die Schwägerin wieder zurück in ihr Heimatdorf gezogen.

Im Dezember 1961 hatte ich meine erste Fehlgeburt. Der Arzt hatte mir schon gesagt, es wäre besser, ein paar Jahre zu warten. Aber mein Mann hat sich in dieser Sache nichts sagen lassen. Für ihn hatten Frauen keine Rechte. Sie gehörten ins Bett oder hinter den Herd. Während unserer Ehe habe ich diesen Satz sehr oft gehört und die Folgen dieser Einstellung erlebt.

Im Juni 1962 bahnte sich dann meine zweite Fehlgeburt an. Damals musste ich zwei Wochen im Bett bleiben und bekam jeden Tag eine Spritze. Dieses Kind wollten sie unbedingt retten. Schließlich aber wurde ich so schwach, dass ich beim Lesen nichts mehr sah. Ich erklärte meinem Mann, dass es mir jeden Tag schlechter ging und bat ihn, mit dem Arzt zu reden. Weil die Blutungen nicht aufhörten, haben sie schließlich eine Ausschabung vorgenommen und alles war wieder vorbei.

Als ich damals vom Spital nach Hause kam, habe ich meine Hausarbeit erledigt, und weil ich müde war, legte ich mich anschließend ein wenig ins Bett. Da ist gleich meine Schwiegermutter aufgetaucht und meinte: „Wieso bist du im Bett? Du darfst nicht glauben, dass du krank bist! So geht das nicht." Also bin ich wieder aufgestanden und habe langsam das Mittagessen vorbereitet.

Kaum hatte ich mich etwas von den körperlichen Strapazen der vorangegangenen Fehlgeburten erholt, war ich schon wieder schwanger. Im Juli 1963 hatte ich die dritte Fehlgeburt. Dieses Mal war es besonders schlimm, da das Kind schon dreieinhalb Monate alt war. Zu Hause ist plötzlich die Fruchtblase geplatzt. Da wir noch kein Telefon hatten, rief meine Nachbarin das Rote Kreuz und meinen Mann an. Sie brachten mich ins Krankenhaus.

Eine Krankenschwester kümmerte sich um mich und sorgte dafür, dass ich mich in ein Bett legen konnte. Dann ließ sie mich allein und ich blieb blutend dort liegen. Mein Mann suchte nach einem Arzt, aber es war keiner zu finden. Als er zu mir zurückkam, starrte er mich ganz entsetzt an. Ich hatte einen Blutsturz und blutete so stark, dass es schon auf den Boden tropfte. Ich war völlig hilflos, niemand kümmerte sich um mich. Mein Mann stürmte wieder aus dem Zimmer und suchte verzweifelt nach der Hebamme.

Schließlich fand er sie und rief: „Meine Frau verblutet, tut doch irgendetwas!" „Wir haben auch nur zwei Hände", antwortete sie. Darauf erwiderte mein Mann: „Dann tut doch mit diesen zwei Händen etwas!" Aufgeregt schrie er sie an, dass es wohl besser wäre, sie würde auf einer Alm Schafe hüten. Das hat wahrscheinlich geholfen. Die Hebamme kam dann wirklich rasch mit einem Arzt zu mir. Ich erinnere mich nicht, was anschließend passiert ist. Erst um Mitternacht wachte ich wieder auf. Ich habe mich schwach und elend gefühlt. Damals begannen meine Depressionen.

Es grenzt fast an ein Wunder, dass ich in den folgenden Jahren nicht schwanger wurde. 1965 habe ich die kleine Agnes zu mir genommen. Sie war das uneheliche Kind meiner Cousine. Ich hatte gehofft, dass sie die Kleine für immer bei mir lassen würde. Aber leider war meine Hoffnung umsonst. Sie hat ihr Kind im

November 1966 wieder zu sich genommen, weil sie im Februar darauf heiratete. Wir waren darüber alle sehr traurig.

Meine Mama litt in diesen Jahren an einer schweren psychischen Erkrankung. Sie gab mir die Schuld daran, dass sie, nachdem sie jahrelang vergeblich auf eine Zukunft mit meinem verheirateten Vater gehofft hatte, keinen Mann mehr fand. Sie hatte Wahnvorstellungen und sah überall Männer, die auf sie warteten. Deshalb musste sie für eine Weile in einer Nervenheilanstalt zur Behandlung aufgenommen werden. Von diesem Aufenthalt kam sie als gebrochener Mensch zurück. Bald darauf begab sie sich dann in ein Altersheim in der Nähe unseres Heimatortes und kam nur mehr zu Besuch zu uns nach Bozen.

So sehr ich mir auch drei Kinder wünschte, hatte ich nun eine wahnsinnige Angst vor einer neuerlichen Schwangerschaft. Nach meinen Erlebnissen war das wohl verständlich.

Im Jänner 1967 wurde ich wieder schwanger. Ich hatte so gehofft, dass es dieses Mal gut gehen würde. Deshalb ging ich auch gleich zum Arzt, nahm meine Medizin, schonte mich und blieb viel im Bett. Doch leider war es wieder umsonst. Anfang April setzten erneut Blutungen ein. Ich bin ein paar Tage im Bett geblieben, aber es half alles nichts und wurde immer schlimmer. Mein Mann brachte mich dann in die Klinik, wo man feststellte, dass das Kind gestorben war. Wieder war alles vorbei. Mein Traum hatte sich nicht erfüllt. Von fünf Schwangerschaften, die ich hinter mir hatte, war mir nur ein Kind geblieben.

Als ich das erste Mal wieder mit Bernd in die Stadt ging, um einige Einkäufe zu erledigen, traf ich Frau Leitner, eine gute Freundin, die ich schon lange nicht mehr gesehen hatte. Sie wusste von all dem nichts und fragte mich, wie es mir denn ginge. Ich fing zu weinen an und schluchzte: „Es ist alles vorbei. Ich will nicht mehr und ich kann nicht mehr. Ich weiß nicht, wie es jetzt weitergeht." Das Erzählen hat mir meine unerträgliche Situation wieder bewusst gemacht. Und mir fiel plötzlich der Rat meiner Mama ein, den sie mir bei der Hochzeit gegeben hatte: „Jetzt hast du zu gehorchen." Es war genauso gekommen, wie sie es mir vorausgesagt hatte.

Wenn es wahr ist, was der Volksmund sagt, dass uneheliche Kinder Kinder der Liebe und eheliche Kinder Kinder der Pflicht sind, dann trifft das wohl auch auf meine zu. Aber ich hätte sie trotzdem alle geliebt.

Es dauerte nicht lange, dann war es wieder soweit. Im Jänner 1968 war ich erneut schwanger. Für kurze Zeit war ich voller Hoffnung, dass es vielleicht dieses Mal gutgehen könnte. Aber im zweiten Monat setzten schon wieder Blutungen ein. Ich suchte schnell meinen Arzt auf. Dieser veranlasste rasch einige Blutproben, um zu überprüfen, ob alles in Ordnung war. Gott sei Dank, die Untersuchungen ergaben, dass mein Kind noch lebte. Anschließend wurde mir im Krankenhaus von meinem Arzt der Gebärmutterhals zugenäht, damit ich das Kind austragen konnte. Das war eine neue Methode, die damals nur mein Arzt anwendete. Ich war die erste Frau, bei der man diese Behandlung in Südtirol durchführte. Glücklicherweise war sie erfolgreich und alles Weitere ist dann gut gegangen.

Langsam ging der Sommer vorbei. Als Termin für die Geburt war der 24. Oktober errechnet worden. In diesen Monaten war mir Bernd eine große Stütze. Er hat mir geholfen, wo er nur konnte. Er hat Teppiche geklopft und Taschen getragen. Er hat sich wahnsinnig auf sein Geschwisterchen gefreut.

Der Herbst kam und mit ihm der Oktober. Und dann war er endlich da, dieser Tag, an dem sich mein größter Wunsch erfüllen sollte. Zwar hatte es der kleine Kerl etwas eilig und kam sechs Tage früher als erwartet, aber das spielte keine Rolle mehr.

Am 18. Oktober um drei Uhr früh machten wir uns auf den Weg in die Klinik. Der Arzt hat uns schon erwartet. Er musste mir die Fäden durchschneiden und ziehen. Daraufhin untersuchte er mich und meinte, dass es gar nicht mehr lange dauern würde, bis das Kind da wäre. Von wegen nicht lange. Da hatte er sich aber getäuscht. Es dauerte noch 12 Stunden bis es endlich soweit war. Ich hatte eine Trockengeburt und bekam keine Presswehen. Aber um halb vier Uhr nachmittags hatte ich es geschafft, und dieses Kind, auf das ich so lange gewartet hatte, war endlich da. Es war ein Junge, er wog 3.300 Gramm. Wir nannten ihn Matthias. Für mich war es wie ein Wunder, ich war einfach nur glücklich.

Als wir dann nach Hause durften, sagte der Arzt beim Abschied zu meinem Mann: „Florian, jetzt hat deine Frau sechs Schwangerschaften hinter sich. Ihr habt zwei Kinder. Kauf dir etwas, um zu verhüten. Diesmal haben wir Glück gehabt, aber ich kann dir nicht versprechen, ob wir noch einmal dieses Glück haben werden."

Bernd war selig, endlich ein Brüderlein zu haben. Am liebsten hätte er es mit in sein Bett genommen. Ich konnte meine Kinder nun richtig genießen.

Die Zeit verging und es kam das Jahr 1970. Es war wohl wieder ein Schicksalsjahr für mich. Trotz Verhütung wurde ich wieder schwanger. Matthias war noch so klein, ich war verzweifelt. Aus heiterem Himmel bekam ich einen Schüttelfrost, saß da wie ein Häuflein Elend. Was sollte ich jetzt tun?

Ich überlegte nicht lange und entschied mich für das Kind. Nach kurzer Zeit bekam ich wieder Blutungen. Ich suchte rasch den Arzt auf, Untersuchungen folgten. Im Krankenhaus wurde mir wieder der Gebärmutterhals zugenäht. Dann musste ich zehn Tage dort bleiben. Währenddessen war Mama bei uns zu Hause und half bei den Kindern und im Haushalt. Bernd ging zur Schule und Matthias wurde jeden Tag von Mama zu Frau Ploner, einer guten Freundin, gebracht.

Wieder daheim, musste ich auch dieses Mal bis zum siebten Monat wöchentlich eine Spritze kriegen. Diesmal war es noch schwieriger für mich, ich durfte ja nichts Schweres aufheben oder tragen. So habe ich Matthias meistens auf dem Boden gewickelt. Bernd, der zu diesem Zeitpunkt zehn Jahre alt war, hat mir geholfen, so gut er konnte. Aber es war wirklich nicht leicht, mit allem zurechtzukommen.

Während der Schwangerschaft musste ich einen Ausweis mit Informationen über meinen Gesundheitszustand bei mir tragen. So waren die Ärzte informiert, dass bei mir ein Eingriff am Gebärmutterhals durchgeführt worden war, für den Fall, dass mir etwas passieren sollte.

Dann kam der Sommer und es stellte sich die Frage, ob ich die Sommerfrische mit den Kindern bei meiner Schwiegermutter im kleinen Ferienhaus auf dem Berg verbringen sollte. Mein Mann sprach mit dem Arzt und der meinte, dass dem nichts im Wege stehe. „Wenn deine Frau trotzdem jede Woche ihre Spritze kriegen kann, dann ist alles gut. Natürlich muss sie mit dem Rettungsauto hinaufgebracht werden." So haben wir es dann auch gemacht.

Ich war nicht sonderlich begeistert. Ich kannte ja meine Schwiegermutter. Ich war nicht ihr Liebling und meine Kinder waren es auch nicht. Mein Mann hatte seine Mutter gebeten, mir manchmal ein bisschen behilflich zu sein. Aber die Unterstützung ließ zu wünschen übrig und lieber als zu betteln, habe ich es selber gemacht. Heute denke ich manchmal, wenn ich in Bozen geblieben wäre, hätte ich dieses Kind vielleicht bekommen.

Bis Ende Juli ging alles gut. Ich konnte auch schon die Bewegungen meines Kindes spüren. Anfang August aber fing ich dann an, mir Sorgen zu machen. Ich hatte das Gefühl, dass etwas nicht in Ordnung war. Noch vor dem 15. August hatte ich einen Termin beim Arzt und den wollte ich abwarten.

Dann kam leider dieser eine Morgen. Ich stand auf, um aufs Klo zu gehen, und zu meinem Entsetzen bemerkte ich, dass ich leicht blutete. Was sollte ich jetzt tun? Zuerst machte ich noch Frühstück für uns. Auch zu Bernd sagte ich noch nichts. Dann ging ich zu meiner Schwägerin und erklärte ihr, was mit mir los war. Ganz trocken meinte sie daraufhin: „Dann musst du halt ins alte Gasthaus gehen, um zu telefonieren." Ich hatte so gehofft, dass sie das für mich übernehmen könnte. Der Weg dorthin war wirklich nicht weit. Doch das tat sie nicht. Also ging ich selber. Die alte Wirtin dort war sehr nett zu mir. Ich glaube, ich habe ihr leidgetan. Rasch hat sie mich zum Telefon begleitet. Dann habe ich bei der Arbeitsstelle meines Mannes angerufen und nach ihm verlangt. Der Mann am Telefon, der uns kannte, erklärte mir, dass Florian unterwegs nach Rom war und vor dem Abend nicht zurück sein würde. „Frau Weiß", sagte er, „bleiben Sie ganz ruhig, ich schicke Ihnen so schnell wie möglich einen Rettungswagen. Richten Sie sich inzwischen langsam her." Ich habe meine Sachen gepackt, habe Bernd angewiesen, gut auf Matthias aufzupassen und brav der Oma zu gehorchen.

Dann kam auch schon der Krankenwagen. Ich habe mich von meinen Kindern verabschiedet. Matthias war ja erst 20 Monate alt. Er hat das alles noch nicht verstanden. Bernd hat mich ganz verzweifelt angesehen. Mir tat das Herz weh. Ich sehe sie heute noch da stehen, wie zwei arme Seelen, und für einen Moment kam mir der schreckliche Gedanke, dass ich meine

Kinder womöglich nicht wiedersehe. Dann bin ich ins Auto gestiegen und habe angefangen zu weinen.

Im Krankenhaus angekommen, kümmerte sich der Fahrer um alles Notwendige. Er war sehr fürsorglich und nett zu mir. Ich wurde in ein Zimmer gebracht und musste dort warten. Am späten Nachmittag kam dann mein Arzt. Er untersuchte mich und meinte, dass ich für den sechsten Schwangerschaftsmonat noch nicht allzu dick wäre. „Das muss aber nichts bedeuten", beruhigte er mich. „Es muss ja nicht ein großes Kind sein." Ich musste am nächsten Morgen nüchtern bleiben. Obwohl es ein Samstag war, sorgte der Arzt dafür, dass eine Blutuntersuchung gemacht wurde.

So war es dann auch. Am Samstagmorgen kam mein Arzt wieder und teilte mir mit: „Leider, Frau Weiß, ich habe eine schlechte Nachricht für Sie. Ihr Kind ist gestorben. Ich muss Ihnen jetzt die Fäden entfernen, für alle Fälle, sollte es vielleicht von selbst losgehen. Wenn nicht, dann bleiben Sie am Montag bitte nüchtern, weil wir dann eine Ausschabung machen müssen."

Dann war dieser Montag da. Es muss der 11. oder 12. August gewesen sein. Um neun Uhr wurde ich von den Krankenschwestern abgeholt. Zurückgebracht haben sie mich erst wieder gegen elf.

Das Schreckliche bei diesem Eingriff war, dass ich während der Ausschabung dreimal aus der Narkose aufgewacht bin. Beim ersten Mal konnte ich hören, wie mein Arzt sagte: „Wenn ich bloß den Schädel zu fassen kriegen könnte." Ein fürchterliches Gefühl überkam mich. Ich spürte, wie in meinem Unterbauch herumgewerkelt wurde, hörte die Geräusche und flüsterte dann mit schwacher Stimme, dass ich wach sei. Da wurde mir Narkosemittel nachgespritzt und ich schlief wieder ein. Nach kurzer Zeit war ich aber erneut wach. Wieder musste nachgespritzt werden. Als ich das dritte Mal erwachte, hörte ich, wie mein Arzt sagte: „Hoffentlich hab ich jetzt alles herausbekommen. Wenn nicht, dann müssen wir halt noch einmal eine Ausschabung machen."

Schließlich brachten sie mich in mein Zimmer zurück und legten mich ins Bett. Dort bekam ich einen derartigen Schüttelfrost, dass ich das Gefühl hatte, das ganze Zimmer würde mit mir tanzen. Mitten im Sommer musste man mich mit drei Federbetten zudecken, um mich aufzuwärmen und zu beruhigen. Ich fühlte mich hundeelend. Wie lange dieser Zustand gedauert hat, weiß ich nicht mehr. Meine Gedanken kreisten nur um meine Kinder und um die Frage, ob ich dieses Bett jemals wieder verlassen würde können.

Ich hatte Paniken und Angstzustände. Meine Zimmergenossinnen standen um mein Bett herum, redeten mir gut zu und versuchten mich zu beruhigen. Doch ich hatte nur den einen Wunsch, endlich in Ruhe gelassen zu werden. Am Nachmittag kam dann mein Mann. Er fing an, mich zu streicheln. Ich konnte dieses Getue einfach nicht mehr ertragen. Am liebsten hätte ich laut geschrien, aber dazu fehlte mir einfach die Kraft.

Es waren letztendlich immer meine Kinder, die mir wieder die Kraft gaben durchzuhalten und weiterzumachen.

Ich blieb noch ungefähr eine Woche im Krankenhaus. Bevor ich entlassen wurde, hat der Arzt noch mit meinem Mann gesprochen. Er meinte mit warnender Stimme: „Florian, ich kann dir nicht sagen, ob es ein Bub oder ein Mädchen gewesen ist. Es war alles schon so verwest, dass ich nur mehr einzelne Teile herausholen konnte. Ich sage dir aber, dass wir großes Glück gehabt haben. Deine Frau hätte auch sterben können. Sie hat das tote Kind ungefähr drei Wochen mit sich herumgetragen. Denk in Zukunft daran!"

Wir fuhren noch für drei Wochen auf den Berg zur Schwiegermutter. Endlich konnte ich dort meine Kinder wieder in die Arme schließen. Wie habe ich mich darüber gefreut, und die Kinder ebenso.

Meine Schwiegermutter ließ wie üblich kein gutes Wort an meinen Kindern. Bernd war für sie sowieso immer an allem schuld. Außerdem hat sie behauptet, dass sie ein so böses Kind wie Matthias noch nie in ihrem Leben gesehen habe. Wie aber kann ein Kind mit 20 Monaten böse sein? Lebendig, ja, das war er, aber doch nicht böse. Er wird schon gespürt haben, dass er nicht geliebt wird.

Anfang September kehrten wir wieder nach Bozen zurück. Für Bernd begann wieder die Schule. Irgendwie ging es weiter. Aber ich war nicht mehr derselbe Mensch, der ich vorher gewesen war. Ich wurde immer ängstlicher. Dann gab es auch wieder Phasen, wo es halbwegs gut ging.

Sprechen konnte ich mit niemandem. Das hat sicher alles noch schlimmer gemacht. Nie hätte ich mich meiner Mama anvertraut. Auch mit meinem Mann konnte ich nicht über das Erlebte oder über meine Ängste und Sorgen sprechen. Wenn ich vorsichtig anzudeuten versucht habe, wie elend ich mich fühlte, schnitt er mir gleich das Wort ab und meinte nur: „Ach was, dir geht es einfach viel zu gut." Und so habe ich lieber wieder geschwiegen.

Mit der Zeit ging es mir aber immer schlechter. Ich lebte in einem ständigen Zustand der Angst. Ich traute mich nicht einmal mehr, Matthias an mich zu drücken, aus Sorge ihm wehzutun. Niemand, der so etwas nicht selber erlebt hat, weiß, was das bedeutet.

Schlafen konnte ich nur mehr, wenn auch mein Mann zu Hause war. Und das war selten.

Lieber, als diese Zustände weiter aushalten zu müssen, habe ich mir manchmal den Tod herbeigewünscht.

Es war das Jahr 1973. Da konnte ich einfach nicht mehr. Ich war an einem Tiefpunkt angelangt. Ohne meinem Mann etwas zu sagen, habe ich heimlich einen Nervenarzt aufgesucht. Matthias habe ich mitgenommen. Ein paar Spielzeugautos hatte ich auch dabei, damit er sich nicht langweilte und währenddessen im Wartezimmer spielen konnte. Eine andere Frau hat auf ihn aufgepasst, als ich beim Arzt drinnen war.

Als ich das Arztzimmer betrat, lächelte mich der Herr Doktor an und fragte: „Ja, wo fehlt es denn, Frauele?" Ich habe ihm geantwortet: „Ich glaube, Herr Doktor, ich spinne." Daraufhin hat er mich ganz groß angeschaut und mir entgegnet: „Mein Frauele, Sie spinnen nicht. Sie sind so normal wie jeder Mensch, der da unten auf der Straße geht." Also erzählte ich ihm meine ganze Geschichte. Er hörte sich alles an und verschrieb mir dann ein Medikament. Voller Hoffnung ging ich wieder nach Hause. Die Tabletten haben mir tatsächlich geholfen und bald ging es mir wieder richtig gut. Aber leider musste ich das Geld dafür von meinem Wirtschaftsgeld abzwacken. Eine Schachtel kostete damals 800 Lire. Bald wurde mein Mann deshalb misstrauisch und ich wollte keine Ausreden mehr erfinden. So musste ich diese Behandlung wieder bleiben lassen.

Ziemlich bald ging es mir wieder schlechter. Da half kein Sichzusammenreißen oder Gut-Zureden. Ich hatte ganz einfach keine Kraft mehr und war am Ende.

So kam das Jahr 1974. Es war Anfang März. Woher ich plötzlich all den Mut nahm, weiß ich bis heute nicht. Da wir selber noch kein Telefon besaßen, ging ich zu meiner Nachbarin und bat sie, bei ihr telefonieren zu dürfen. Ich rief dann im Altersheim an, in dem Mama wohnte, ließ mich mit der verantwortlichen Schwester Oberin verbinden und fragte, ob meine Mama für längere Zeit zu mir kommen könne, weil ich krank sei und wegen eines Herzfehlers ins Krankenhaus müsse. Nie im Leben hätte ich zugegeben, was mir wirklich fehlte.

Schon am nächsten Tag kam Mama angereist. Meinen Mann habe ich ohne Vorankündigung einfach vor vollendete Tatsachen gestellt. Als er zum Mittagessen heimkam und Mama sah, fragte er ganz erstaunt: „Wieso ist deine Mama da?" Ich versuchte es ihm zu erklären: „Mir geht es nicht gut, ich will ins Krankenhaus, ich kann einfach nicht mehr." Meine Güte, da

brach ein ganzer Schwall an Flüchen und Schimpf-
worten über mich herein. Aber ich blieb hart. Am
nächsten Tag machte ich mich dann auf ins Krankenhaus. Ich nutzte die Zeit, in der Matthias im Kinder-
garten und Bernd in der Schule war. So blieb mir
wenigstens das Abschiednehmen erspart.

Im Krankenhaus angekommen, hatte ich ein Gespräch
mit einem sehr netten Arzt. Ich erzählte ihm meine
Geschichte. Er wiederum sprach dann mit meinem
Mann. Da wurde Florian schon ein bisschen gnädiger.
Für eine Woche wurde ich stationär im Krankenhaus
aufgenommen. Eines Morgens rief mich der Arzt zu
sich in sein Sprechzimmer und wollte von mir wissen,
ob ich gewillt wäre, mich zur weiteren Behandlung in
eine Privatklinik nach Verona überweisen zu lassen.
Natürlich wollte ich. Ich hätte alles getan, egal, wie
schlimm oder mühevoll es auch gewesen wäre. Ich
wollte für meine Kinder gesund werden.

Also brachte mich mein Mann nach Verona. Da ich es
nicht übers Herz bringen konnte, mich von meinen
Kindern zu verabschieden, ging es vom Krankenhaus
aus direkt dorthin.
    Der Aufenthalt und die Behandlung in Verona waren
gar nicht so fürchterlich wie ich dachte. Ich bekam
Medikamente und sollte mir als Therapie alles von
der Seele reden. Die Gespräche fanden jeden Tag statt,

ein bis zwei Stunden lang. Nach Meinung des Arztes waren die Erlebnisse in meiner Kindheit für meine Depressionen und Ängste verantwortlich. Er meinte, ich solle mich nun endlich anfangen zu wehren.

Nach vier Wochen konnte ich wieder nach Hause. Wie habe ich mich auf meine Kinder gefreut. Bernd hatte mir eine Schokoladentorte gebacken. Die war zwar nicht ganz gelungen, aber man konnte sie durchaus essen. Matthias hat sich anfangs noch ein wenig seltsam benommen. Ich glaube, er hatte einfach Angst, dass ich wieder fortgehen würde. Aber als er abends in meinem Bett schlafen durfte, war er wieder zufrieden.

Die Zeit verging und es kam das Jahr 1979. Wenn ich geglaubt hatte, dass alles so schön weiterlaufen würde, habe ich mich wohl geirrt. Es fing im August an. Ich habe schon länger gemerkt, dass mit Florian etwas nicht stimmte. Dass er sich aber mit 47 Jahren noch einmal verlieben würde, damit habe ich wirklich nicht gerechnet. Leider war es so.

Lange Zeit sagte ich nichts und hielt mich mit Fragen zurück. Eines Abends aber habe ich ihn zur Rede gestellt und gefragt, was eigentlich mit ihm los sei. Zu meinem Erstaunen fing er an zu weinen. Anfangs glaubte ich, dass er vielleicht krank wäre. Aber das hätte er mir ganz sicher gesagt. Im Scherz fragte ich, ob er vielleicht verliebt sei. „Ja", war seine Antwort. „Ich liebe eine andere." Ich fiel aus allen Wolken. „Ja, um Himmels willen, wer ist sie denn?", fragte ich ihn. „Eine Krankenschwester aus Innsbruck", kam es kurz und bündig von ihm. Das habe ich ihm auch noch geglaubt. Erst drei bis vier Monate später habe ich erfahren, wer die Frau eigentlich war. Sie war eine Angestellte in derselben Firma, in der auch mein Mann arbeitete. Eine Frau aus einem benachbarten Tal, verheiratet und Mutter von zwei schulpflichtigen Kindern. Ihr Ehemann ist zu mir gekommen und hat mir vom Verhältnis erzählt.

Meine lieben Kinder, glaubt mir, nie würde ich absichtlich euren Vater vor euch schlechtmachen wollen. Aber so war es nun einmal. Und die Wahrheit kann ich hier nicht verheimlichen.

Die Affäre meines Mannes dauerte von August 1979 bis Ende April 1980. Es waren nur acht Monate. Aber sie haben gereicht, mich innerlich kaputt zu machen.

Florian hatte zwei Seiten, eine herzensgute und eine weniger schöne. Die hat er nur mir gezeigt, und auch nur dann, wenn unsere Kinder außer Haus waren. Nie hätte ich es für möglich gehalten, dass mein Mann mir gegenüber zu solchen Gemeinheiten fähig wäre. Er sagte damals Dinge zu mir, die ich bis heute nicht vergessen kann. „47 Jahre alt musste ich werden, um meine große Liebe kennenzulernen", „Wenn es bloß diesen 2. Mai 1959 nicht gegeben hätte. Dieser Tag war mein Verhängnis" oder „Wenn es doch dich nicht geben würde, alles könnte so schön sein". Diese Sätze haben sich tief in meine Erinnerung eingegraben.

Florian hatte auch keine Skrupel, seine Silvia vor mir in den höchsten Tönen zu loben. Er verglich uns dann miteinander und machte keinen Hehl daraus, dass sie in seinen Augen weit mehr Vorzüge hatte als ich. Seinem Urteil zufolge war sie die bessere Frau und selbst ihre Kinder hat sie angeblich besser erzogen. Auch erwähnte er immer wieder, dass sie miteinander fortgehen würden, sobald Silvia ihren Erbteil ausbezahlt bekommen habe. Sogar im Traum hat mein Mann noch den Namen seiner großen Liebe geflüstert.

Und natürlich war es meine Schuld, dass alles so gekommen ist.

All diese Erlebnisse und Erfahrungen haben mich gekränkt und sehr deprimiert. Meinen Kindern habe ich nie ein Wort davon erzählt. Nie hätte ich mich bei Bernd, der damals ja schon 20 Jahre alt war, über seinen Vater beschwert. Ich wollte sie beide nicht damit belasten. Lieber habe ich geschwiegen und alleine gelitten.

Abends ist mein Mann damals immer spät nach Hause gekommen. Matthias war zu der Zeit erst elf Jahre alt. So bin ich oft zu ihm ins Bett gekrochen, während ich auf Florian gewartet habe.

Das Weihnachtsfest 1979 werde ich mein Leben lang nicht vergessen. Bernd leistete damals gerade seinen Militärdienst. Mein Mann hatte mir versprochen, abends zum Fest pünktlich daheim zu sein. Wir hatten alles schön und feierlich hergerichtet. Das Essen war fertig.

Aber mein Mann kam nicht. Gegen halb acht Uhr begannen wir ohne ihn mit dem Essen und dem Geschenkeauspacken. Matthias konnte es ja kaum erwarten und Bernd musste wieder zurück in die Kaserne. So gegen neun Uhr kam dann endlich mein Mann. Er war leicht angetrunken und hatte auch keinen Hunger, da er ja schon gegessen hatte. Er hat sich dann zu Matthias auf den Boden gesetzt und ist prompt eingeschlafen. Als wir später zu Bett gingen, musste ich alle Hebel in Bewegung setzen, um ihn wach zu kriegen und ins Bett zu bringen.

In diesem Winter war es besonders kalt und oft habe ich mit dem Gedanken gespielt, mich abends neben den Talferbach zu setzen, um am Morgen nicht mehr aufzuwachen. Dann bin ich oft einfach wieder zu Matthias ins Bett gekrochen. Das hat mich beruhigt und mir Kraft zum Durchhalten gegeben.

Norbert, der Mann von Silvia, hat mich in dieser Zeit einmal angerufen. Er schlug mir vor, mit Bernd in die Bar zu gehen, in der sich seine Frau und mein Mann abends, wenn es irgendwie ging, immer aufhielten. Aber ich habe abgelehnt. Ich wollte nicht, dass mein Sohn seinen Vater dort mit dessen großer Liebe antraf.

Im Nachhinein tut es mir manchmal leid, dass ich mich Bernd damals nicht anvertraut habe. Matthias war mit seinen elf Jahren noch ein Kind. Ihn wollte ich nicht beängstigen und seine junge Seele nicht verletzen.

Meine lieben Kinder, wenn ihr es auch vielleicht nicht glauben wollt, es ist leider wahr. So hat es sich damals zugetragen. Nie im Leben würde mir einfallen, so eine Geschichte zu erfinden. Nur euch zuliebe habe ich durchgehalten und bin geblieben. Wo hätte ich denn auch sonst hingehen sollen, ich hatte ja niemanden.

Also habe ich weiter geschwiegen. Es waren acht schlimme Monate. Dann, plötzlich, mit Ende April 1980 war alles vorbei. Am Morgen ging mein Mann zur Arbeit. Als er nach ein paar Stunden wieder nach Hause kam, erzählte er mir: „Jetzt ist alles zu Ende. Mein Chef hat mich zu sich ins Büro bestellt und gemeint, es wäre besser, wenn ich sofort gehen würde. So könne es nicht mehr weitergehen." Dass er wegen dieser Frau seine Arbeitsstelle verloren hat, hat ihm sehr leidgetan. Mit diesem Tag war auch die Affäre meines Mannes zu Ende. Die Gründe dafür habe ich nie erfahren.

Ich fühlte mich nach all dieser Zeit leer, ausgebrannt und unendlich müde. Und weil diese Müdigkeit nicht aufhörte und immer häufiger auch Magenschmerzen dazukamen, ging ich zu meinem Hausarzt, der mich ins Krankenhaus einwies.

Nach einigen Untersuchungen stellte man fest, dass ich aufgrund meiner Magengeschwüre viel Blut verloren hatte und kurz vor einem Zusammenbruch stand. Ich wurde eine Woche im Krankenhaus behandelt, die Ärzte päppelten mich langsam wieder auf, sodass ich wieder einigermaßen zu Kräften kam.

Dann war auch diese Zeit vorbei. Ich habe meinem Mann verziehen und wir haben weitergemacht, als ob nichts gewesen wäre. Wenn ich heute über alles nachdenke, dann frage ich mich schon, wie viele Frauen das so hingenommen hätten.

Ich wurde nie dazu erzogen, auf mich zu schauen oder mich zur Wehr zu setzen, und musste schon in meiner Kindheit lernen, Schlimmes zu ertragen. So habe ich mich dann eben auch später oft verhalten. Das ärgert mich manchmal heute noch.

1982 wurde ganz unverhofft und unerwartet unser erstes Enkelkind geboren. Die Freude darüber war bei uns allen groß. Ich erklärte mich bereit, den Kleinen zu mir zu nehmen, als meine Schwiegertochter wieder arbeiten gehen musste. So war es dann auch. Alles drehte sich nur noch um Hansjörg. Wie habe ich dieses Kind geliebt und wie sehr seine Gegenwart genossen. Hansjörg hat mich entschädigt für die Kinder, die ich verloren hatte.

Die Jahre vergingen und es kam das Jahr 1989. Es war das Jahr, in dem Mama starb. Sie war Ende der Siebzigerjahre an Krebs erkrankt und musste in ihren letzten Jahren viel leiden. Fast jede Woche haben wir sie noch im Altersheim besucht, oft waren auch die Kinder mit dabei. Trotz all der schlimmen Erlebnisse, die ich mit meiner Mama hatte, war ich nach ihrem Tod sehr traurig.

Mir bleibt aber auch eine schöne Erinnerung an sie. Ich denke gerne daran zurück, wie lieb und fürsorglich sie mit meinen Kindern war. Die Kinder haben sich immer auf die Besuche ihrer Oma gefreut und sie verbrachten eine gute Zeit miteinander. Das hat mich für vieles entschädigt. Vielleicht war dies die Art meiner Mama, mich nach so vielen Jahren um Verzeihung zu bitten.

1989 war auch das Jahr, in dem mein Mann in Rente ging. Ich war nie dagegen gewesen, meinte aber schon vorher zu ihm, dass ihm ein Zeitvertreib guttun würde, da er so gut wie keine Hobbys hatte.

Wie sich herausstellte, waren meine Sorgen gerechtfertigt. Es wurde wirklich eine schlimme Zeit. Mein Mann, der nun keine Beschäftigung mehr hatte, war nur mehr auf mich konzentriert. Was ich tue, wohin ich gehe und mit wem ich rede, er wollte alles ganz genau wissen.

Dann hat er ganz zufällig eine Arbeit gefunden. Von morgens bis mittags musste er Waren ausliefern. Es ist kaum zu glauben, aber tatsächlich ist er jeden Vormittag zu einer bestimmten Uhrzeit daheim vorbeigekommen, um mich zu kontrollieren und zu überprüfen, ob kein Mann bei mir war. Er hat in alle Zimmer geschaut, ist ins Bad gegangen und sogar auf den Balkon hinaus.

Jeder Fremde, der ihm im Stiegenhaus begegnete, war seiner Meinung nach gerade bei mir im Bett gewesen. Wenn ich unsere Bettwäsche gewechselt habe, was man ja hin und wieder tun muss, war das für ihn schon ein Beweis, dass ich männlichen Besuch gehabt hatte.

Fünfmal in der Woche putzte ich abends ein Büro im Stadtzentrum. Da ist er mir nachgeschlichen, um sich zu vergewissern, ob ich auch wirklich dort war. Er hat von der Straße aus zum Büro hinaufgeschaut, ob die Lichter brannten und die Fenster geöffnet waren.

Einmal war ich etwas später dran. Als ich zum Büro eilte, stand er schon dort auf der Straße auf seinem Beobachtungsposten. Ich bin an ihm vorbeigegangen und habe ihn ganz laut begrüßt. Er hat mich aber nicht einmal wahrgenommen. Wie ein Irrer hat er nur geradeaus auf die Fenster gestiert. Ich wusste in dem Moment nicht, ob ich lachen oder weinen sollte. Als ich später nach Hause gekommen bin, meinte ich zu ihm: „Ich glaube, Florian, du bräuchtest wirklich einen Nervenarzt." Ja, da hat er vielleicht geschimpft und geflucht!

Also ich muss schon sagen, der Ruf meines Vaters hat mich noch als verheiratete Frau verfolgt. Mein Mann glaubte damals nämlich, ich wäre genauso untreu wie mein Vater. Er spielte wirklich verrückt. Einmal bin ich mit Frau Hofer auf der Promenade spazieren gegangen. Als ich anschließend nach Hause gekommen bin, war Florian fürchterlich wütend und beschuldigte mich, mit dem Mann von Frau Hofer in die Büsche gekrochen zu sein. Auf diesen Gedanken hatten ihn meine staubigen Sandalen gebracht. Ich war sprachlos und erwiderte nur: „Du spinnst total!"

Ein anderes Mal behauptete er, dass ich und die Frau Thaler zwei Lesben wären.

Genauso war es mit dem Essen. Nach Ansicht meines Mannes habe ich alles verkehrt gemacht. Immer, wenn wir alleine waren, ging es mit den Anschuldigungen los. Bernd hätte doch lieber Reis gehabt, aber ich hätte ihm Nudeln gegeben, bei Matthias war es dann genau umgekehrt, und Hansjörg, der gerne noch ein drittes Schnitzel gehabt hätte, dem hätte ich es absichtlich nicht gegeben. Einmal ist mir dabei der Kragen geplatzt und ich habe zu ihm gesagt: „Also, morgen kommen alle drei wieder zum Essen, da werde ich sie fragen, ob das wirklich stimmt." Am nächsten Morgen ist er einkaufen gegangen, hat mir anschließend die Sachen heimgebracht und ist dann wortlos in sein Auto gestiegen und auf den Berg zu seiner Schwester gefahren, um sich bei ihr über mich zu beschweren und ihr zu berichten, was für eine böse Frau er habe. In solchen Momenten fragte ich mich wirklich, womit ich das verdient hatte.

Es verwundert wohl niemanden, dass ich all dieser Reibereien und Streitereien manchmal überdrüssig war und nicht mehr immer den Mund gehalten habe.

Karin, meine Schwiegertochter, hat einmal gesagt: „Mich wundert nur, dass Mutti das alles aushält." Daran wird sie sich wohl nicht mehr erinnern. Aber ich habe es nicht vergessen.

1993 und 1994 bin ich wieder Oma geworden. Es waren zwei Buben, Markus und Clemens. Diesmal war mein anderer Sohn, Matthias, der Vater. 1995 wurde dann Julian geboren, der Bruder von Hansjörg.

Es muss im Sommer 1996 gewesen sein. Julian war zu dieser Zeit ein Jahr alt. Mir ging es wieder einmal gar nicht gut. Es war ein Sonntag. Vielleicht sollte ich es hier nicht erwähnen, aber es ist nun einmal so passiert. Mein Mann wollte mit mir schlafen, aber ich hatte weder die Lust noch die Kraft dazu. Da ist er zornig geworden und meinte zynisch: „Wofür habe ich dich eigentlich geheiratet?"

Ich weiß nicht mehr, was dann mit mir passiert ist. Es war wie ein Schlag. Durch meinen ganzen Körper ging ein Zittern, mir wurde fürchterlich übel. Ich weiß nur noch, dass ich mich mehr auf allen Vieren als aufrecht ins Bad geschleppt habe. Ich habe nur mehr geheult und mich im Badezimmer eingesperrt. Dann verkroch ich mich ins Bett.

Mit letzter Kraft habe ich Montag und Dienstag meine Hausarbeit gemacht und für alle gekocht. Am Mittwoch bin ich dann wie immer in aller Herrgottsfrüh aufgestanden, um das Stiegenhaus eines anderen Hauses zu putzen. Eigentlich konnte ich mich kaum noch auf den Beinen halten.

Dort habe ich Frau Pardeller, die Hausbesitzerin, getroffen. Sie sah mich ganz entsetzt an und fragte: „Ja, Frau Weiß, wie sehen Sie denn aus?" Ich begann wieder zu weinen und brachte nur heraus: „Ich kann nicht mehr." Frau Pardeller befahl mir, auf der Stelle alles stehen zu lassen und sofort nach Hause zu gehen.

Ich bin daraufhin mit dem Bus nach Hause gefahren und gleich ins Bett gegangen. Mein Mann sah mir dabei zu und fing gleich wieder an zu schimpfen. „Was ist bloß mit dir los?", wollte er wissen. „Die ganze Zeit liegst du nur im Bett!"

Am nächsten Morgen habe ich meinen Hausarzt aufgesucht und ihn gebeten, auch meinem Mann ein Medikament zu verschreiben, damit sich sein Gemütszustand bessert.

Er hat mir Tropfen für ihn aufgeschrieben. Ich weiß heute noch genau, wie sie geheißen haben: Serenase. Heimlich musste ich sie in die Suppe oder den Kaffee von Florian mischen. Wie es der Teufel haben wollte, hat er mich einmal dabei erwischt. Da war die Hölle los. „Willst du mich umbringen?", wollte er aufgebracht von mir wissen. Mit einer Engelsgeduld habe ich versucht, ihm zu erklären, dass ich die Situation einfach nicht mehr aushalte und es uns beiden so nicht gut geht. Und weil er eigentlich schon selber bemerkt hatte, dass es ihm in letzter Zeit ein wenig besser ging, hat er es schließlich eingesehen und die Tropfen freiwillig weitergenommen.

Nach außen hin habe ich mich nie beschwert. Auch meine Kinder wollte ich mit all diesen Schwierigkeiten nicht belasten. Und sonst hatte ich niemanden, bei dem ich mich aussprechen oder einmal ausweinen konnte.

Mama lebte nicht mehr. Aber sie wäre sowieso der letzte Mensch gewesen, zu dem ich mit meinen Sorgen gegangen wäre und dem ich mich anvertraut hätte.

Manchmal stelle ich mir schon die Frage, warum ausgerechnet ich so viel Schlimmes durchmachen musste. Dann wundere ich mich aber gleichzeitig immer wieder, woher ich die Kraft nahm, all das durchzustehen. Zum Kuschen und zum Parieren bin ich erzogen worden. Ich war es wohl einfach gewohnt, vieles ohne Widerstand hinzunehmen.

Unsere Familie wurde mit den Jahren immer größer. 1998 wurde Sophia geboren, die Schwester von Markus und Clemens, und 2001 dann Katharina. Mit ihr bekamen auch Hansjörg, der inzwischen schon 19 Jahre alt war, und Julian ein Schwesterchen.

So hatten wir sechs Enkelkinder. Auch Julian und Katharina habe ich, als sie ein Jahr alt waren, zu mir genommen, da meine Schwiegertochter berufstätig war.

Alle meine Enkelkinder haben mir sehr viel Freude gemacht und, das muss ich schon sagen, auch mein Mann hat seine Enkelkinder über alles geliebt. Das hat mich auch manchmal mit ihm versöhnt.

Mit meinem Mann ging es irgendwie, meist mehr schlecht als recht, weiter. Leider hat er auch zu viel getrunken. Alkohol war schon immer sein Problem gewesen. Oft hatte er schon zu Mittag einen Schwips. Immer wieder habe ich ihn gebeten, endlich weniger zu trinken. Aber er hat sich nie etwas sagen lassen. Ich merkte, dass es ihm nicht gut ging, und habe ihn gedrängt, zum Arzt zu gehen. Aber stur wie er war, hat er nie auf mich gehört. Da hatte ich keine Chance.

Es war im Sommer 1998 an einem Mittwoch. Das weiß ich deshalb noch so genau, weil ich mittwochs immer das Stiegenhaus geputzt habe. Als ich so gegen halb zehn von der Arbeit nach Hause kam, saß Florian in der Küche, blass und armselig. „Was ist denn los?", fragte ich ihn. Er erzählte, dass er sehr viel Blut gebrochen habe. Er sah wirklich erbarmungswürdig aus. Ich schickte ihn sofort zu unserem Hausarzt. Dieser veranlasste umgehend eine Überweisung ins Krankenhaus. Bernd, unser Sohn, brachte ihn dann dorthin. Mein Mann wurde für einige Tage stationär aufgenommen und musste mehrere Untersuchungen über sich ergehen lassen. Es stellte sich schließlich heraus, dass er an einer Leberzirrhose litt und absolut keinen Tropfen Wein mehr trinken durfte.

Mein Mann, der immer gemeint hatte, dass er lieber nichts essen als nichts trinken würde, durfte also von einem Tag auf den anderen keinen Tropfen Alkohol mehr anrühren. Es erstaunt mich bis heute, dass er sich daran gehalten hat. Ohne Wein ist er schließlich viel erträglicher geworden. Es ging ihm und damit auch mir viel besser. Im Nachhinein kann ich sagen, dass die letzten sechs Jahre mit meinem Mann die schönsten in unserer Ehe waren.

All die Tage meines Lebens waren immer mit Arbeit ausgefüllt. Zum Faulenzen habe ich mir nie die Zeit genommen. Ich habe zu unserem Lebensunterhalt beigetragen und bin 23 Jahre lang jeden Abend Büroputzen gegangen. Über 30 Jahre hinweg bin ich zweimal pro Woche in aller Herrgottsfrüh aufgestanden, um ein Stiegenhaus zu reinigen.

Ich habe die ganze Hausarbeit gemacht und für alle gekocht. Und sogar ich war manchmal etwas müde. Aber beklagt habe ich mich nie.

Trotz allem habe ich mir jeden Tag die Zeit genommen, mit meinen Enkeln auf die Promenade zu gehen. Dort konnten sie spielen und laufen. Alles, was ich für meine sechs Enkelkinder getan habe, habe ich mit viel Herz und Liebe gemacht. Ich habe sie immer aus ganzem Herzen geliebt. Das tu ich bis heute.

Es waren gerade meine Enkelkinder, die mir immer wieder die Kraft zum Durchhalten gegeben haben. Keine Minute möchte ich missen, die ich mit ihnen verbracht habe.

Ja, und so verging die Zeit, und plötzlich war das Jahr 2004 gekommen. Es sollte das letzte Jahr für meinen

Mann werden. Eigentlich war er immer unter ärztlicher Kontrolle. Er musste sich zwei- bis dreimal pro Jahr im Krankenhaus einigen Untersuchungen unterziehen. Eines Tages hat man dabei in der Leber eine Zyste festgestellt. Daraufhin musste er alle drei bis vier Monate eine leichte Chemotherapie machen.

So war es auch diesmal. Für den 9. Dezember 2004 war die letzte Chemotherapie angesetzt. Nichts deutete darauf hin, dass mein Mann diesen Tag nicht überleben würde. Am Nachmittag habe ich ihn noch im Krankenhaus besucht. Ich merkte schon, dass er unruhig war und ein bisschen müde wirkte. Aber wie konnte ich ahnen, dass es seine letzten Stunden waren? Mein ältester Enkelsohn Hansjörg war bei mir. Er hatte mich ins Krankenhaus gefahren.

Am Abend bin ich dann nochmals mit meinem Sohn Matthias und seinen drei Kindern ins Krankenhaus gefahren. Wir waren ein bisschen spät dran und sind erst um 19 Uhr in den Aufzug gestiegen. Matthias ermahnte noch seine Kinder, brav zu sein und den Opa nicht zu sehr zu stören, da es ihm nicht recht gut gehe. Wir sind dann ins Zimmer gegangen, in dem mein Mann untergebracht gewesen war, doch dieses war leer. Wir haben beim Pflegepersonal nach meinem Mann gefragt. Es wurde uns gesagt, wir sollten im Warteraum ein wenig warten. Nie, nie im Leben wäre mir der Gedanke gekommen, dass mein Mann tot sein könnte.

Doch so war es. Nach einer Weile kam ein Fräulein und bat meinen Sohn, ihr zu folgen. Ich blieb inzwischen bei den Kindern. Als mein Sohn zu uns zurückkam, brachte er mich ins Ärztezimmer. Dort teilte mir die Ärztin mit, dass mein Mann tot war.

Ich weiß nicht mehr, wie lange ich gebraucht habe, um diese Nachricht zu verstehen. Ich wollte es einfach nicht wahrhaben. Und, ganz ehrlich, trotz allem war es der schlimmste Schock meines Lebens. Mir war, als ob sich der Boden unter meinen Füßen öffnen würde. Ich habe weder geschrien noch getobt. Dieses Gefühl kann ich nicht beschreiben. Die Ärztin verabreichte mir schließlich ein Medikament zur Beruhigung.

Wie ich die ersten Tage nachher verbracht habe, daran erinnere ich mich eigentlich nicht mehr. Ich fror Tag und Nacht. Ich kam mir vor wie ein Eisblock, der nichts mehr fühlte. Nicht einmal mehr weinen konnte ich. Dieser Ausnahmezustand dauerte ungefähr drei Monate. Dann, endlich, erwachte ich aus meinem komaähnlichen Dasein, hatte aber immer noch Angstzustände und bekam immer wieder Paniken. Ich konnte keine Nacht mehr schlafen. Erst als ich Hilfe bei meinem Hausarzt suchte, hat sich mein Befinden langsam wieder stabilisiert.

Meinen Kindern habe ich natürlich auch davon nichts erzählt.

Im Leben wird einem nicht viel geschenkt. Ganz im Gegenteil, es ist voller Herausforderungen, die wir, so gut es eben geht, meistern müssen.

Wenn ich über all das Erlebte nachdenke, dann staune ich über mich selber und bin fast ein bisschen stolz, dass ich das alles geschafft habe. Ich glaube, dass ich eine starke Frau bin.

Jetzt wird es langsam Zeit, zum Schluss zu kommen. Ob es richtig war, meine Geschichte niederzuschreiben, kann ich nicht beurteilen. Aber glaubt mir, meine lieben Kinder, es ist die Wahrheit.

Nie war es meine Absicht, mit meiner Erzählung jemandem wehzutun, oder euren Vati vor euch schlecht zu machen. Ihr habt nur sein liebes Gesicht gekannt. Und das ist auch gut so. Ich wünsche mir von euch, dass ihr ihn genauso in Erinnerung behaltet, wie ihr ihn am liebsten hattet.

Verzeihen kann ich alles, vergessen kann ich leider nicht. Trotzdem werden mein Mann und auch meine Mama immer einen Platz in meinem Herzen haben. Es waren die beiden Menschen, die ich am dringendsten gebraucht hätte und die mir am meisten wehgetan haben.

Das Leben kann manchmal hart sein und zeigt sich nicht immer von seiner sonnigen Seite. Dazu fällt mir zum Abschluss noch ein Gedicht von Nikolaus Lenau ein:

O Menschenherz, was ist dein Glück?
Ein rätselhaft geborner
Und, kaum gegrüßt, verlorner,
Unwiederholter Augenblick!

Ich danke dem lieben Gott, dass er mir zwei gesunde, brave Kinder geschenkt hat, sechs wunderbare Enkel und zwei allerliebste Urenkel. Was könnte ich mir noch mehr wünschen? Sie haben mein Leben reich und wertvoll gemacht und mir immer wieder Kraft und Mut zum Weitermachen gegeben. Jede Minute, die ich mit meinen Enkelkindern verbracht habe, war ein Geschenk des Himmels für mich.

In meinem Herzen ist Platz für alle. Meinen Kindern möchte ich danken für alle Freuden und auch Sorgen, die sie mir gemacht haben. Behaltet eure Eltern in Erinnerung, so wie ihr uns am liebsten hattet!

Im vergangenen August bin ich 80 Jahre alt geworden. Ein ganz schönes Alter. Ich wünsche mir nur, dass ich noch lange gesund bleibe und meinen Kindern nie zur Last falle.

Eines habe ich mir noch fest vorgenommen. Was immer der liebe Gott mir noch auferlegt, ich will es mit Würde nehmen. Und in Würde werde ich auch von dieser Welt gehen.

Danke, dass ich eure Mutti, eure Oma und Uroma sein durfte!

In Liebe
Mutti

Diese Kalendersprüche gaben mir Kraft:

Über alles rinnt die Zeit, weht der Wind!
Und mit ihm zieht auch das Leid, leis und lind.
Bis wir selbst zur Ewigkeit geworden sind.

***

Ein Tropfen Liebe ist mehr wert
als ein ganzer Sack voller Gold!

***

Ob Kummer oder Sorgen, ob Freud oder Leid,
sag ja zum Leben und stell dich der Zeit.
Greif nicht nach den Sternen, genieß was du hast,
freu dich des Lebens, frei jeglicher Hast.

Glossar

Påtsch	Tollpatsch, Schimpfwort
Marende	Jause
Gitsch/e	Mädchen
Lausgitsche	weibliche Entsprechung zu „Lausbub"
Riasl	Rüssel, abwertend für Nase, Schimpfwort
Strebe	Streu, Einstreu im Kuhstall
Buchteln	süßes Germteiggebäck
Gotl	Tauf-/Firmpatin
Gröstl	Gericht aus gekochten Kartoffelscheiben und kleingeschnittenem Fleisch, das in der Pfanne angeröstet wird
Kårrner	Karrner oder Korrnr bezeichnet die Tradition im Vinschgau, zu Erwerbszwecken auf Wanderschaft zu gehen. Die Karrner werden auch als fahrendes Volk Vinschgaus bezeichnet. Der Ausspruch „streiten wie die Kårrner" ist in Südtirol sehr gebräuchlich.
Frauele	Frauchen

Jeder Täter war ein Opfer
Nachwort von Miriam Pobitzer

Mein Vater hatte eine Kindheit wie viele andere in seiner Zeit auch. Er war ein Bauernsohn, hütete Kälber im Sommer, hatte im Winter Strümpfe aus Schafwolle unter den Lederhosen an und war auserwählt, der Pfarrer der Familie zu werden. Er war sehr aufgeweckt und mit seinen Brüdern heckte er einen Streich nach dem anderen aus. Als ich Kind war, erzählte er mir, wie er sich vor seinen Vater niederknien und sich die Lederhosen ausziehen musste. Sein Vater löste den Gürtel, der Bub legte sich über die Knie seines Vaters und der zog ihm den Lederriemen immer wieder über das nackte Gesäß, bis das Sitzen in der Schule nicht mehr auszuhalten war. Vor oder nach ihm waren seine Brüder dran und das Zusehen wechselte sich ab.

Das war nicht die einzige Geschichte über körperliche Gewalt, die mir mein Vater immer wieder erzählte, vielleicht um mir zu drohen, vielleicht um seine eigenen Erlebnisse zu verarbeiten, vielleicht um mir zu zeigen, wie gut ich es hatte.

Auch in der Schule musste er sich öfters den ganzen Vormittag auf ein Holzscheit knien. Oder er wurde vor der Klasse in die Ecke gestellt, musste die Arme mit den Handrücken nach oben waagrecht nach vorne strecken und der Lehrer hat ihm das Ein-Meter-Kantlineal über die Finger gehauen. Immer wieder.

Diese Erzählungen empfand ich meinerseits als Gewalt, als psychische Gewalt gegen mich. Es schnürte mir immer den Hals zu und ich spürte das Herz in meinen Ohren pochen. So wird Gewalt weitergegeben, über Generationen und über Grenzen.

Wenn Kindern Gewalt widerfährt – häufig wird emotionale Gewalt innerhalb der Familie von Vater oder Mutter ausgeübt –, trennt die menschliche Überlebensstrategie die Emotionen ab, was in der extremsten Form so weit gehen kann, dass sich das Opfer neben sich sieht: Das Opfer spaltet sich so weit ab, dass es außerkörperliche Erlebnisse haben und die Situation von außen beobachten kann. Dabei empfindet das Opfer den Schmerz nicht und erst wenn die Situation vorbei ist, kehrt das Bewusstsein wieder in den Körper zurück. Das ist eine sehr drastische Maßnahme unseres Körpers, eine Strategie, diese Situation möglichst gesund zu überstehen. Doch so können wir verstehen, wie die Reaktionen auf gewaltsame Erlebnisse immer sind: Wir spalten ab. Wir spalten Empfindungen, eigene Bedürfnisse, Gefühle, Wahrnehmungen, unsere Verantwortung für uns selbst ab, weil wir daran gehindert werden, für unser Wohlbefinden einzustehen. Je nach Lebensumständen und Bewältigung kann daraus eine psychische Erkrankung werden, eine emotionale Kälte, eine Erinnerungslücke, im Extremfall wird aus dem Opfer ein Selbstmörder, ein Bedroher, ein Täter, ein Mörder.

Kurz zusammengefasst, findet sich jedes Opfer in einer der vier Strategien wieder:

Opfer können Opfer bleiben, sich als minderwertig betrachten, sich selbst nicht spüren und die eigenen Bedürfnisse nicht mehr wahrnehmen. Sie verharren in der passiv-erleidenden Position und nehmen hin. Häufig begegnen diesen Menschen ähnliche Lebenssituationen in Beruf, Familie, Freizeit, wo sie den anderen die Schuld geben, um selbst nichts verändern zu müssen.

Opfer können sich selbst ständig auf unauffällige Weise verleugnen und ihr Leben in sicherem Abstand führen: Die sozialen Kontakte bleiben auf Distanz, die Arbeit wird meist fleißig erledigt, jeder Konflikt wird vermieden. So bleibt das Leben aushaltbar und Jahr für Jahr vergeht.

Opfer können zu Kontrollierenden werden, die ihr Umfeld genauestens beobachten, jeden kleinsten Fehler sofort wahrnehmen und kritisieren. Sie stellen sich dadurch über die anderen, sie verstecken ihre eigenen

Verletzungen, indem sie vorgeben, alles besser zu wissen.

Opfer können auch bedrohen, sie können ihre Stärke und Macht auf eine Weise nach außen zeigen, dass alles um sie herum vor Angst zittert. Diese Art der Bewältigung ist die nach außen aktivste und bringt neue Täter hervor.

Immer suchen die Menschen, die selbst Gewalt erlitten haben – mit welcher Strategie auch immer – nach Aufmerksamkeit. Sie suchen die Erfüllung ihrer Bedürfnisse im Außen, was nie funktioniert. Dennoch wird diese Dynamik unbewusst wie in einer Schleife immer wieder in den verschiedensten Situationen inszeniert und wiederholt sich so.

Erst wenn sich Opfer dazu durchringen können, ihr eigenes Dilemma, ihr eigenes Trauma – wie zerstörend und schmerzlich auch immer – anzusehen, darüber zu sprechen, es in die Mitte der eigenen Aufmerksamkeit zu bringen, kann eine Veränderung stattfinden, auch eine Veränderung in der Wahrnehmung der eigenen Vergangenheit, von sich selbst, und von den Tätern.

Rosa S. schreibt von einem sehr heilsamen Gedanken in ihrer Kindheit: Das junge Mädchen wundert sich in dieser Zeit wiederholt, warum ihm Gewalt widerfährt. Es weiß nicht, was es falsch gemacht hat, es wundert sich, weshalb schon wieder die Rute präsent ist. Das ist ein sehr gesunder Gedanke. Das Kind empfindet sich als integer und grenzt sich von der Tat und von der Mutter als Täterin ab.

Nichtsdestoweniger zeigt sich die Mutter erbarmungslos, denkt sich gröbere Schikanen aus, indem sie die Rute ins Wasser legt, das um Erbarmen flehende Kind unter dem Bett hervorlügt oder mit einem warmen Bad lockt. Das sind sehr gewaltsame Eingriffe in ein wachsendes kindliches Begreifen der Welt.

Die Gewalttaten gegen Rosa sind in ihrem Alltag ständig präsent. Die Mutter fordert, dass das Kind selbst die Rute vom Bach holt, mit der es später gequält werden soll, und sie verlangt von der Tochter einen Kuss auf die Rute, also auf den Täter. Diese Tatsache bezeichnet die Verdrehung vom Schmerz in die Lust. Das Kind wird zum Ventil der emotional ausweglosen Situation der Mutter.

Das Verhalten von Rosas Mutter ist nur dadurch erklärbar, dass sie selbst unter Gewalt zu leiden hatte. Schwanger mit einem unehelichen Kind, erlebt die junge und vom Kindsvater hinters Licht geführte Frau eine Form der institutionalisierten Gewalt: die der katholischen Kirche. Ein eheliches Kind ist gut, ein uneheliches gottlos.

Aus Rosas Erzählung gehen keine weiteren Gewalterfahrungen der Mutter hervor. Was Rosa jedoch beschreibt, ist das herzlose Heimathaus ihrer Mutter, wo nur Arbeit und Funktionieren zählt. In diesem Umfeld ist nicht anzunehmen, dass die heute international etablierten Grundrechte des Kindes, in diesem Fall von Rosas Mutter, erfüllt worden sind, und auch körperliche Gewalt ist anzunehmen. Außerdem verlor eine Frau, die ein uneheliches Kind bekam, jeden Wert innerhalb der Gesellschaft. Rosas Mutter hat eine Schande unter ihrem Herzen getragen, die sie selbst zur Schuldigen und Befleckten machte.

Die junge Rosa erleidet also auf höchst grenzüberschreitende Weise die gesamte Heftigkeit der Verletzungen und Ängste ihrer Mutter. Der instinktive Beschützerimpuls der Mutter ist von Rosas früher Kindheit bis weit in ihre Jugendzeit nicht vorhanden, sondern hat sich in das Gegenteil verkehrt: Das Kind wird zum Fokus der Qual.

Mit ihrem letzten Schultag, mit 14 Jahren, beschließt Rosa für sich, dass sie erwachsen genug ist und dass die Misshandlungen mit der Rute nun ein Ende zu nehmen haben. Und so ist es auch. In ihrem Inneren ist Rosa aufgestanden und hat „Nein!" gesagt. Damit hat sie sich selbst groß und gut sein lassen – der erste und wichtigste Schritt aus der eigenen Misere heraus. Rosa hat mittlerweile die körperliche Kraft ihrer Mutter und auch innerlich hat sie dieselbe Größe angenommen. So schafft sie ihren Ausbruch aus der Dynamik der Mutter-Tochter-Gewalt.

Dennoch ist ihr Selbstwert schon zerstört, wie sie selbst sehr treffend beschreibt. Sie hat mittlerweile die Rolle der Schuldigen für sich angenommen. Sie schämt sich in der Schule, traut sich nicht mehr den Pfarrer zu grüßen, erklärt sich beleidigendes und grobes Verhalten damit, dass sie nichts Besseres verdiene, ist sie doch die Tochter eines „nicht würdigen" Vaters. Das Kind ist insofern von beiden elterlichen Seiten verlassen und verstoßen.

Die Selbstwahrnehmung, die sie mütterlicherseits auf den Weg in das Erwachsenenalter mitbekommt, fasst diese Einprägung zusammen: Du bist schlecht.

Immer wieder wiederholen sich unterschiedlichste Qualen, von einer Vergewaltigung über die Nichtbeachtung bei der ersten Periode bis zu krankmachenden Angriffen im ersten Arbeitsverhältnis im Haus ihrer Tante. Die Szene, in der Rosa ihre Vergewaltigung beschreibt, zeigt ganz deutlich auf, dass ein einmaliger, sexueller Übergriff weniger dramatisch empfunden wird als eine bekannte, wiederholte Qual vonseiten der eigenen Mutter.

Ganz typisch ist, dass Rosa die Arbeits- und Lebenssituationen, in denen es ihr gut geht, nicht lange aushält. Sie wird gut behandelt, ist in Familien gut integriert, lernt für sich selbst einiges dazu. Dennoch zieht es sie fort. Ein Gewaltopfer, das nichts anderes als

Gewalt und Missbrauch kennt, kann nicht anders, als sich wieder eine Gewaltsituation zu suchen, in der es sich wie zu Hause fühlt. Auch die Anfänge im Haus der Schwiegereltern wirken sehr bekannt auf die junge Frau. Ob Opfer das wollen oder nicht, sie werden wie durch einen unsichtbaren Sog wieder in eine gewohnte Situation getrieben.

Wieder wird in Rosas Verhalten die durch Kindheit und Mutter imprägnierte Haltung klar: Gehorche den anderen, höre nicht auf dich.

So wie Rosa können viele Menschen und Familien von erlebter Gewalt berichten. Diese kann ganz unterschiedlicher Ausprägung sein. Oft ist sie der Inhalt eines Blickes, oft ist sie dermaßen körperverletzend, dass Menschen an den Folgen sterben. Vielleicht haben sich die Szenen in den Familien von der groben körperlichen Variante mehr in Richtung emotionale Gewalt verschoben. Immer aber kommen Menschen zu Schaden, immer auf allen menschlichen Ebenen. Jene Form von Gewalt, bei der Mutter oder Vater die Täter sind, erschüttert das Innerste am meisten. Das Grundvertrauen in das Gute im Leben und in sich selbst wird durch sie zerstört.

Ein beträchtliches Gewicht hat dabei das Gefühl von Mitschuld: „Wenn mir so etwas Schlimmes zugestoßen ist, werde ich es wohl verdient oder zumindest ausgelöst haben." Das ist ein fataler Gedankengang für alle Opfer.

Je jünger das Opfer ist, umso stärker ist dieser Gedanke eingefleischt und wird im Unbewussten über „das Leben", „die Männer" oder „die Frauen" generell gelegt. Daraus wiederum resultieren Gedanken wie „Alle sind Schweine", „Ich bin nichts wert", „Niemand mag mich" oder „Ich bin nicht würdig, glücklich zu sein".

Die aktiv erlebte oder ausgeübte Gewalt ist nur eine Seite. So ist auch Rosas Mutter nicht allein Täterin. Alle anderen, die auf dem Hof leben, sehen und wissen, was geschieht. Sie machen sich durch ihre Passivität zu Mittätern. Häufig empfinden Opfer diese stillschweigende und auch bemitleidende Zuschauerhaltung als noch grausamer als die Tat selbst. Für sie ist der passive Zuschauer immer genauso Täter wie der Täter selbst.

Doch auch jemand, der gezwungenermaßen zusehen muss und nichts tun kann, ist Opfer von Gewalt. Nichts sehen, nichts hören, nichts wissen dürfen ist Gewalt.

Ob Opfer oder Täter, passiv oder aktiv – es geht darum, dass wir Worte dafür finden, es geht darum, dass wir uns Zuhörer schaffen, dass wir den Mut haben, das Erlebte auszusprechen. Viele Menschen brauchen mehrere Anläufe, bis der Mut groß genug ist, das wirklich Schmerzhafte zu benennen. Oft stoßen Menschen, die sich zeigen wollen, auf Ohren, die sie nicht wirklich verstehen. Dann werden diese Anläufe zu Verstärkern der persönlichen Geschichte der Ablehnung, sie spiegeln sie wider, bis wir wirklich ankommen, uns verstanden fühlen und heilen dürfen.

Der Schmerz findet dann ein Ventil, ein Bewusstsein. Häufig wird er im ersten Moment als noch stärker erlebt, als er in der Verdrängung gespeichert war, weil das Überleben wichtiger war als der Schmerz. Das ist eine gesunde Strategie des menschlichen Geistes. Nichtsdestoweniger dürfen und müssen wir früher oder später diese Verdrängung auflösen, um das Leid gehen lassen zu können.

Als Rosa schlussendlich einen Sohn gebiert, ist das wohl der Ausstieg aus ihrer inneren Misere, weil sie endlich selbst eine liebevolle, beschützende Mutter sein kann. Rosa darf nun ihren eigenen Lebensstil kreieren, sie kann das vollenden, was sie als Jugendliche begonnen hat: ein klares „Nein! Ich mache es anders." Und Rosa hat es geschafft. Sie hat mit ihren Kindern ihr ganz persönliches Beziehungsgeflecht aus Liebe und Wohlwollen geschaffen. Diese Kraft hat weitreichende Folgen und beschränkt sich nicht nur auf Rosa und ihre Kinder allein. Auch Rosas Mutter kann die Möglichkeit wahrnehmen und endlich liebevoll mit ihren Enkelkindern sein. Ihre Tochter rechnet ihr das ohne Verbitterung hoch an. Als Rosa selbst Mutter ist, bekommt sie Unterstützung von ihrer eigenen Mutter.

Rosa hat die Kraft und Größe entwickelt, diese zu fordern. Damit rückt sie ihre Tochter-Mutter-Beziehung in ein natürlicheres Licht.

Danach tut sie für sich immer wieder Schritte aus der ehelichen Beziehungsform, weil sie weiß, dass sie selbst viel mehr gibt, als sie bekommt. Das wissen mit Sicherheit auch ihre Kinder, weil Rosa ihre eigenen Kinder geschützt hat vor der unguten Seite des Vaters. Diese über menschliche Maße gequälte und erniedrigte Frau hat ihre eigenen Kinder vor der Wiederholung bewahrt. Das ist ein Meisterwerk an gelungener Menschlichkeit.

Wir sind tagtäglich in vielen Situationen mit Gewalt konfrontiert. Sie ist omnipräsent und erscheint auf viele unterschiedliche Weisen – im Großen wie im Kleinen. Sie betrifft nicht nur den einzelnen Menschen, sondern auch soziale, religiöse oder ethnische Gruppen, ja ganze Staaten. Dabei wird die Androhung von Gewalt häufig auch dazu genutzt, gefügig zu machen. Gewalt gehört zu den menschlichen Verhaltensweisen wie Essen und Schlafen. Und die Botschaft der Gewalt ist immer: Du bist nicht gut, so wie du bist, du musst aufpassen, sonst könnte dir das oder jenes passieren.

Es geht darum, ein Bewusstsein dafur zu entwickeln, was Gewalt ist, wie Gewalt in der Vergangenheit benutzt wurde und wie sie auf jeden einzelnen Menschen wirkt.

Um all die verdrehten Überzeugungen der Opfer umzupolen, bedarf es vieler neuer Erfahrungen in achtsamer und geschützter Umgebung. Eine Beratung kann der richtige Rahmen sein, eine Selbsthilfegruppe, ein Therapieaufenthalt, eine heilsame Begegnung mit einem besonderen Menschen. Die im Wissenschaftlichen definierte und verankerte „therapeutische" Liebe lässt neues Vertrauen in das Gute, in sich selbst und ins Leben aufkommen.

Dahin sind viele Schritte zu tun. Oft scheinen sich auf diesem Weg das Geschlagen-, Gequält- und Missverstandensein zu wiederholen. Genau dann ist Mut gefragt, zu sich zu stehen und immer wieder Hilfe zu suchen und anzunehmen. Die Art und Weise der Hilfe ändert sich mit der Veränderung des Schmerzes. Heute gibt es sehr viele medizinisch-therapeutische Methoden, die helfen, Traumata auch im Unbewussten aufzulösen. Es geht darum, die passende für sich zu finden. Der Anfang für einen heilsamen Prozess ist immer: „Ich öffne und zeige mich, so wie ich bin".

Wie Rosa suchen alle Menschen das Heilsame und Liebevolle in sich. Für alle Menschen ist Glücklichsein das Ziel. Auch für die Täter, die selbst durch gewaltsame Verletzungen zu solchen geworden sind, auch für Menschen, die sich nicht bewusst sind, dass sie Täter sind, auch für jene, die nicht aufhören wollen, Täter zu sein, weil sie darin eine Ersatzbefriedigung finden.

Es ist Zeit für jeden Einzelnen, aufzustehen, zu sagen, was wir erlebt haben, wie schmerzhaft es war. Es ist Zeit, dass wir hinschauen und keinen Schmutz unter einer Schicht „Äußeres" verstecken, während die Wunde darunter nur weiter eitert. Es ist Zeit, das, was war, beim Namen zu nennen, damit es wirklich in die Vergangenheit gehen kann.

Und es ist Zeit, dass jeder Einzelne sich zugesteht, das Angenehme, Entspannende und Genüssliche im eigenen Leben zu genießen. Es ist Zeit, dass wir Verantwortung für uns selbst übernehmen, dass wir unsere inneren Bedürfnisse erkennen und sie von den gesellschaftlich reizvollen Zielen unterscheiden lernen.

Ein „Ja" legt sich genauso wie der Schmerz über alles. Sobald Opfer fähig sind, „Ja" zu sich zu sagen, kann die Wunde heilen. Und gleichzeitig geht das Schwere und Negative aus dem Leben und das Leichte, Freudige und Positive kann wieder empfunden werden. Rosas Wende vom erleidenden Opfer hin zu einem Menschen, der bejahend und aktiv sein Leben gestaltet, ist ein Beweis dafür, dass das Erkennen von sich selbst und das Vertrauen in das Gute immer wieder bereichernd und belohnend sind.

Das wünsche ich allen Opfern: dass sie Verantwortung für sich selbst annehmen, ihre eigene Gegenwart aktiv gestalten und auf ihr Leben zurückblicken und sagen können: Es ist gut.